図解と動画でまるわかり!

一瞬で動ける身体に変わる!

LOCOMOVE METHOD

「広背筋」が目覚めるだけで
すべてが一変する

ーソナルトレーナー
中嶋輝彦

青春出版社

――なぜ、動物と違って現代人は
身体機能を使いきれないのか？

あなたの身体は もっと動ける ようになる！

野生動物の動きにヒントを得て生まれたメソッド

チーターが全速力で獲物を追いかける――。

その前にチーターは、準備運動もしなければ、肉離れやねんざを起こすこともありません。

人間だけが、準備運動をしてもケガをしてしまうのは、関節や筋肉の動きにムリやムダがあり、身体の理にかなった動きをしていないからです。

ならば、私たち人間も自分の関節や筋肉を効率よく動かすことができれば、野生動物のように疲れやケガ知らずの「動ける身体」になるのではないか？

このように、野生動物の動きにヒントを得て「ロコムーブ」メソッドは生まれました。

人間も動物であり、本質は「動く」ということ、つまり、「重心移動(ロコモーション)」にあります。移動に適した身体になれば、硬くなりがちな身体の中心部がほぐれて、コリや痛みは一掃されるでしょう。身体は軽くなり、疲れもたまりません。眠っている本来の身体機能が目覚めて、飛躍的に向上するのです。

一気にトップスピードが出せるチーターと、準備運動をしてもケガをする人間

そもそも、野生動物は食べるために獲物を追いかけ、自分の身を守るために天敵から逃げてきました。動物にとって移動能力は生死を分かつ一大事であり、筋肉や骨格は「移動」に最適化されて進化してきました。

ですから、生きるために筋肉や骨格をフル活用し続けているチーターは鍛える必要も準備運動をすることもなく、トップスピードで獲物を追いかけることができるのです。

一方、デスクワーク中心の現代人は野生動物とは正反対。生きるために身体を「固定」しなければなりません。そのため体幹部の筋肉が硬くなり、そのほかの筋肉は萎縮しやすくなっています。

だから、身体を動かせていないなと感じ、トレーニングに行ったり、マッサージに通うのです。しかし普段身体を「固定」し続けている人が、急に運動をしてもしなやかに動くことは難しいと言えます。子どもの運動会で張り切ってダッシュして、コーナーで転んでしまったり、

cheetah

human

肉離れやアキレスけんを断裂してしまうのはこのためなのです。

〝ロコムーブ〟で最高に

ストレッチをしても、身体はこわばったままで
コリは取れず故障が絶えない。
ジムで鍛えても、思うように身体が動くようにならない。
ハードなトレーニングを続けても、身体能力が向上しない。
それは本来の身体の使い方を知らなかっただけ。
誰もが今以上に動けるようになる素質を持っています。

動ける身体をあなたに！

運動能力は素質やセンスではなく、
正しい〝理論〟さえ知れば誰しも開花できるものなのです。
ダマされたと思って、一度試してみてください。
今まで眠らせていた本来の動きを目覚めさせ、
最高に動ける身体を手に入れましょう！

ロコムーブを実践した方からの声

原因不明。治る見込みのなかった腰痛が半年で完治！

25歳頃、腰痛を抱えてしまいました。精密検査でも原因は特定できず、鎮痛剤で痛みを誤魔化しながらの生活。そんな時に整体の先生の紹介でロコムーブを知りました。

最初は左右の足の長さが5センチも違い、前屈も痛みが出るために指先が膝に触れる程度まで。初回はホースキックの動きを半信半疑で2週間続け、2回目でフェニックスの動きを教えていただきました。

1か月が経過して3回目のセッションを受けた頃、左右の足の長さの差が少し縮まり、前屈も痛み無くできるようになりました。通い始めて2か月目には痛み止めを飲まなくても問題なく生活できるようになりました。

それからも色々な種目に取り組んでいき、通い始めて半年後には以前とまったく変わらない生活が送れるようになりました。

ダメで元々と考えていた自分でも嘘のように結果が出たので大変満足して、非常に充実した日々を過ごせています。

会社員・片岡さん

ヨガで腰痛が悪化しロコムーブを開始！

腰痛以外にも首や肩の痛みがまったくなくなりました。

その後も、「ムキムキにならずに必要な筋肉をつけることができる」ということに魅力を感じ、ストレス解消とボディメイキングの目的で、定期的に通っています。

会社員・Sさん

ギックリ腰の改善とともに、姿勢までよくなった

ギックリ腰になり、ロコムーブを始めました。

自分では気がつきませんでしたが、右足と左足の長さが違い、右足が2センチ短かったので、歩行フォームをなおしていただき、何回かスタジオを往復して歩いただけで、修正できました。

姿勢も良くなり、ギックリ腰をなおしに行ったのに、全身の修正ができていました。

主婦・中村さん

肩こりが完治し 動ける身体にびっくり！

仕事柄デスクに向き合ってパソコンで作業をしている時間が多く、かつ、仕事の時間外でもメールのやり取りを携帯でやっていました。痛くなっては、鍼灸でなおして…の繰り返しだったので、根本的に何とかしたいと思っていたところロコムーブに出会いました。セッションの後、気分がすごく晴れやかで！　はまって取り組んでいるうちに首の痛みはいつの間にかなくなってました。しかも、この前子どもとかけっこした時にロコムーブの動きで走ったら自分でもびっくりするくらい速く走れたんです。

ＩＴ関連・林さん

60過ぎても陸上競技で 記録更新！

生涯スポーツとして陸上競技を続けてきましたが、ケガが増え、63歳を過ぎた頃からスピードがめっきり落ち、思うような走りができなくなってきました。老化による筋肉の衰え、柔軟性の低下が原因と思い、ウエイトトレーニングやストレッチの量を増やすなど対応を模索していましたが効果はでませんでした。

ロコムーブを始めて、ケガは治り、今までと異次元の走りの習得によりパフォーマンスも徐々に上がってきました！　5kmのレースでも、昨年のタイムを40秒短縮。ほとんどのレースで前年度の記録を上まわっています。

経営コンサルタント・町田さん

初めてのフルマラソンを 無事に完走！

ロコムーブで歩き方や走り方を学ぶことで、初めてのフルマラソンを無事に完走することができました。また、仕事の休憩時間などにフェニックスやチーターの動きをすることで、頭の疲れがとれ、仕事の集中力が長続きするようになりました。

弁護士・田島寛之さん

本書の使い方

本書でポーズを理解する

ポーズの理論を学ぼう

ポーズをマスターするためにも、どこの筋肉がどのように動いているのかを理解することが大切です。身体の後面など、確認しにくい部位も多いので、まずは頭で理解することが正確な動きへの助けとなります。

きつい時は強度を落として！

各ポーズには、それぞれ強度を落としたやり方を紹介しています。ふだん運動をしていない人や、ひざや腰に痛みや違和感がある場合は強度を落としたものから取り組んでみてください。ケガ、深刻な痛みがある場合は、必ず医師の判断を仰いでください。

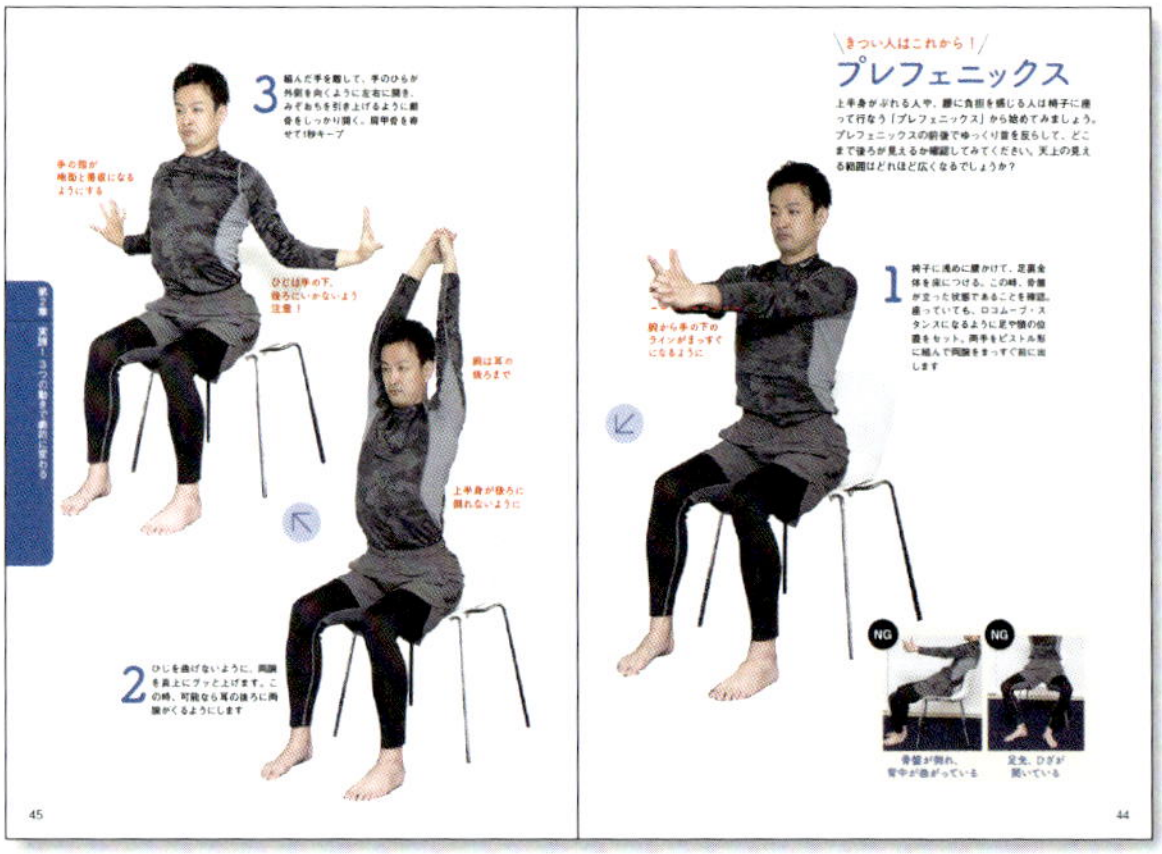

動画でポーズをマスターする！

QRコードで動画サイトへ

左にあるQRコードをお手持ちの読み取りアプリなどで読み取ってください。本書の特設サイトへ移行します。

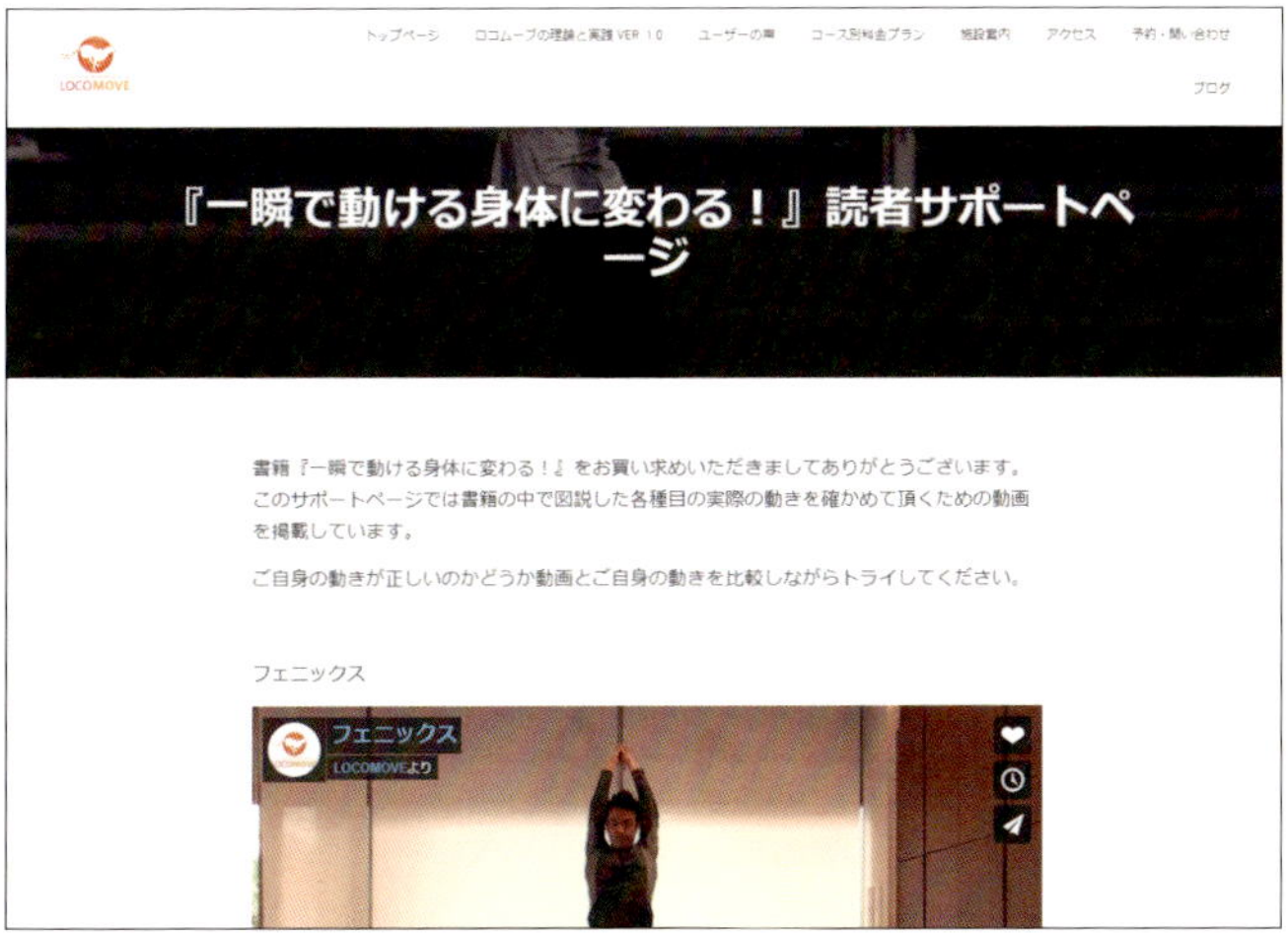

動画を見て、流れを確認！

まずは動画を見て、動きの流れを確認。一連の流れがわかったら、同じように身体を動かしてみましょう。自分の動きを動画で撮ってもらって、動きを見比べるのも、ロコムーブの正しい動きを身につけるのにオススメです。

図解と動画でまるわかり！
一瞬で動ける身体に変わる！

CONTENTS［目次］

第1章 動ける身体を一瞬でつくるロコムーブ・メソッドとは

——ここが違う！ 7つの特徴

第2章

実践！ 3つの動きで劇的に変わる
――この基本の動きが連動して全身の機能を高める

第3章

初公開！ 身体機能を最大限発揮する究極の動き

——ロコムーブの本質は『左右交互』の動きにある

第4章

効果がぐっと上がる！ ロコムーブ1週間プログラム

――身体の嬉しい変化を実感

第5章

完璧な「歩行」こそ身体本来の動き

──ロコムーブ・トレーニング究極の目的

第1章

動ける身体を一瞬でつくる ロコムーブ・メソッドとは

——ここが違う！ 7つの特徴

スゴイ特徴1

眠っている身体本来のしなやかな動きが目覚める！

人間の身体は本来しなやかに動くようにつくられています。例えば背骨の数は実に25個もあり、それぞれ関節でつながっています。さらに頭蓋骨と肋骨、骨盤にもつながっています。

そして、その一つひとつの関節は動かせるようになっています。本来、人体は多くの関節でつながり合う、柔軟なつくりになっているのです。

しかし、テレビを見たり、パソコンやスマートフォンを操作するなど、現代人の多くが椅子に座ったままで長い時間を過ごします。その間、首がずっと同じ位置で固定されていないでしょうか？

さらに、スマートフォンやパソコンとなると手元を同じ位置に固定し続けなければなりません。

椅子に圧迫された裏ももの筋肉は硬くなり、長時間緊張し続けた背中、肩、首の筋肉も硬くなり、関節は動きにくくなります。

その結果、腰痛や肩、首の痛みやコリなど数々の不調

じつは　身体は姿勢を固定するのに向いていない

同じ姿勢を
とり続けている場合

一部の筋肉が緊張し続ける

テレビ・パソコン・スマートフォンなどで同じ姿勢をとり続けていると、特定の筋肉がギュッと収縮したりピンと伸び続ける状態になります。すると、姿勢が悪くなり、肩コリや腰痛を引き起こすだけでなく、筋肉の収縮に引っ張られるように、骨の位置が傾き、姿勢の悪さにつながります

ロコムーブで余計な緊張のない
歩行を覚えた場合

左右一対の筋肉が連動して動く

同じ姿勢をとり続けることで萎縮していた筋肉をゆるめ、体幹部から末端まで全身の筋肉を連動させて動かします。歩行は左右のサイクルで身体を支えて前進させるので偏った筋肉の使い方をしません。身体本来のしなやかな動きを取り戻すことができます

を訴える人が、現在進行形で急増しています。

長い時間同じ姿勢のままで、本来のしなやかな身体をカチコチの硬いものにしているのは人間自身なのです。しなやかなままでいるためには、身体の各部が独立に動くのではなく、有機的に連動した動きを身につけることです。特に、上半身と下半身、その要である肋骨と骨盤が連動した動きを身につけることです。

『ロコムーブ』は肋骨と骨盤が連動した動きを身につけるための技法です。ロコムーブの動きを身につけると、自分の身体のしなやかさと力強さに気づくはずです。歩く、走る、投げる、打つ、跳ぶ、蹴る、といった全ての動作が変わります。

スマホ、テレビ、パソコンで固まってしまった身体のしなやかさは、少し動くことで取り戻すこともできるようになるのです。

スゴイ特徴②

やると疲労から回復するトレーニング

ソファーでだらっと座っている時、ラクな姿勢をとっていると思いますよね。

しかし、実際に筋肉の緊張を筋電図計で測定してみると、様々な筋肉が強く緊張しているのがわかります。

身体を斜めにしていると、重力に負けて関節が曲がりすぎないように反射的に筋肉が緊張するからです。一見ラクそうな姿勢がかえって身体を疲れさせているのです。

では疲労回復のためには、どうしたらいいのでしょう？

それは緊張から身体を解放することです。体を横たえてしまえば、筋肉の緊張は最小限で身体の重みを支えることができます。

日中ならば歩行こそが疲労回復の機会といえるのです。ロコムーブの動作は左右一対の広背筋の交互の活動サイクルで身体を支え、身体を前進させる運動です。これなら同じ筋肉をずっと使い続けることなく身体を支えることができ、身体がリフレッシュします。

しかし、多くの人には長年の経験から自然となった歩

疲労のメカニズム

成人の頭の重さはほぼ5kgです。朝起きてから、夜眠るまで１日中5kgの重りを首の上に載せて生活しているのです。この重りで疲れてしまわないためには、頭をまっすぐ首の上に載せることです。ロコムーブでは左右一対の筋肉の活動サイクルで、重い頭と全身を少ない筋緊張で支える動きを身につけます

行フォームがあります。それが疲労につながるフォームだとしても、変えるのは簡単ではありません。

そこでロコムーブでは、疲労回復につながる左右一対である広背筋の交互の活動サイクルが自然と身につくように、一つひとつの種目に落とし込み、身体に動きを刷り込むことができるようにしました。

生命保険会社やIT企業の朝礼で実演すると、

「身体が軽くなった」

「首がラク！」

等々、その効果に驚嘆の声が上がります。

ロコムーブを身につければ、歩行のような身近な動作にも左右一対の広背筋の交互の活動サイクルをつくることができ、マッサージでコリをほぐしたり、ジムで身体を鍛えなくても、疲労知らずの身体をつくることができるのです。

スゴイ特徴③

マッサージでは届かない根本原因へアプローチ

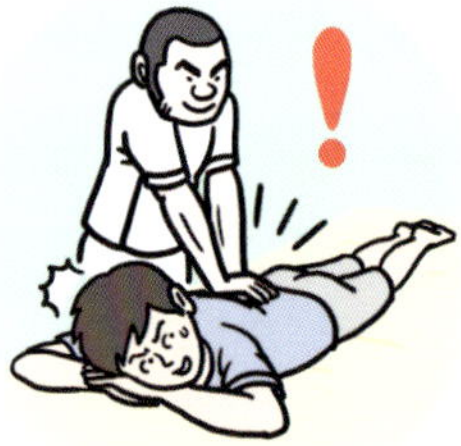

身体の疲れやコリを解消するため、定期的にマッサージに通われる方も多いのではないでしょうか。マッサージ直後は、筋肉がほぐされて身体が軽くなったような気がします。

しかし、それは一時的なもの。残念ながら根本的な解決にはなっていないので、再び身体はコリ固まり、「そろそろマッサージに行くか」となってしまうのです。

しかし、筋肉の上には筋膜や脂肪がついていて、さらに皮膚で何層にも包まれています。なので皮膚の上からいくらもんでも筋肉まで届くことは難しく、直接的にほぐすことはなかなかできないのです。

ですから重要なのは、こっている肩や首そのものではなく、身体の使い方に対してアプローチしていくことです。コリを生んでいるのは日頃の姿勢や動きなのです。

例えば、肩を痛めた野球選手に指導する際、私は肩ではなく、股関節からアプローチします。股関節の可動域が狭くなって、それを補うために本来不必要な動きが生まれ、それが肩を痛める原因になっている可能性が高いからです。

ランニングで脚を痛めた方には、徹底的に上半身からアプローチします。重心移動の起点が上半身からで駆動せず、脚だけ前に出す走りになると、身体は後傾し、重心が下がり、ひざが曲がって、着地した時の関節への負荷が大きくなるからです。ロコムーブは患部にだけ注目した対症療法ではなく、痛みが生じている原因となる部位からアプローチする根本療法なのです。

薬やマッサージに依存するのではなく、自分の身体を自分で改善していくセルフマネジメントをしていくこと。

これこそがロコムーブの強みにほかなりません。

こんなに差がある！

マッサージとロコムーブの違い

マッサージ

患部に直接アプローチ

コリのある部分をもみほぐすことによって、血行をよくし、コリの解消をはかります。いったんはよくなっても、身体の使い方が変わらないと、けっきょく身体の偏りがコリとなって出てくるので、また同じように痛みがあらわれます

▼

根本原因は残ったまま

ロコムーブ

痛みの根本原因にアプローチ

痛みが発症するそもそもの原因である、身体の使い方を改善していき、偏った身体の使い方が解消されるので、痛みがとれるだけでなく、再度コリが発生しにくくなります

▼

痛みがおこらなくなる

スゴイ特徴 4

部位別トレーニングをしなくても全身に効果が！

トレーニングを始めるにあたり、身体を部位別に筋肉を鍛えようとする人は少なくありません。

しかし、人間の筋肉は４００種類もあるので、まんべんなく鍛えようとするとトレーニングの数は無数に増えてしまいます。

ボディビルダーのように筋肉の大きさを競う場合は部位別に鍛える必要がありますが、ロコムーブは『動ける身体をつくること』がテーマです。動ける身体をつくるには、部分的に鍛えるのではなく、今ある機能を十分に活用する使い方を身につけるほうが近道です。

今ある自分の身体機能を十分に活用するためにも、『動物は動く時、身体の中心から末端へと力を伝達させる』ことがポイントになります。

例えば脚は股関節→膝関節→足関節の順に、力が伝達されていきます。身体の体幹部に近い関節ほど、大きな筋肉が付着しているため、小さな努力で大きな筋出力を生み出し、末端部へと伝達されていきます。そして加速

＼こんなに差がある！／
筋トレとロコムーブの違い

筋トレ

全身の筋肉の出力を高める

▼

各部位のトレーニングが必要

腹筋や腕立て伏せなど、一部分の筋肉に特化して鍛える場合、ボディビルダーのように筋肉の大きさを競う場合は有効ですが、動ける身体をつくるには不向き

ロコムーブ

中心から末端へ筋肉が連動して動く動き方を身につける

▼

少ない動きで全身に効く

身体の中心部にあり、上半身と下半身を直接結ぶ人体最大の筋肉である「広背筋」の活動を高めるので、体幹部から末端部へと連動した動きを鍛えることができます

された末端部は地面やボール等の外部の対象物に大きな力を加えることができるのです。

この理論を用いれば、最小限の筋肉の動きで身体運動のパフォーマンスを高めることも可能になります。

そこでロコムーブでは、身体の中心部に存在し、上半身と下半身を直接結ぶ人体最大の筋肉である「広背筋」を正しく活用して、骨盤を引き上げ、重心位置を高め、骨盤と肋骨の動きを同調させることで、末端である足から地面に大きな力が伝わるような身体動作が身につきます。

広背筋は上肢と下肢を直接つなぐ唯一の筋肉なので、手足の向きや角度の違いだけで、活動量が変わってきます。わかりやすくいうと、広背筋を動かすことで、波のように全身まで運動が行き渡るというイメージです。

ですから、部位別にトレーニングをしなくても、全身に効果が出るのです。

スゴイ特徴5 少ないトレーニングでも効果は十分！

ロコムーブは、筋トレのような筋肉に負荷をかけるためのトレーニングではありません。

最小限の筋緊張で身体を支えることができ、努力感無く身体を動かすことができる「動き」を身につけるためのトレーニングです。

「それぞれ何回やればいいんですか？」「一週間で何セットすればいいんですか？」という質問もよくいただきます。

しかし、ロコムーブの場合は、回数や重さよりも重視するのは「動作」です。回数は一つの目安でしかありません。ロコムーブの正確な動きを身につけるために回数を設けているに過ぎません。極論をいえば、正しい動作さえしっかりと身につけることができれば、たった1回でも十分効果を実感できるのです。

実際に、ロコムーブを実践した方々に起きた日常の変化の例をご紹介しましょう。

❶ いつもよりラクに、軽やかに歩けることで、疲れに

ロコムーブによって起きる７つの変化

❶ 疲れにくくなる
❷ メタボ改善
❸ 集中力アップ
❹ 疲労回復に効く
❺ スタイル改善
❻ 活動量が増える
❼ 視野が広がる

くい身体になる

❷ 骨盤と肋骨の位置関係が変わることで腹囲が減り、メタボ体型を短時間で改善できる

❸ 肋骨が拡張し深く息を吸えることで、より多くのエネルギーを得られ、集中力が高まる

❹ 柔軟性が高まることで、血流が促進され、疲労回復に効果

❺ 骨盤の位置が高くなり、スタイルが良くなる

❻ 身体がいつもより軽く感じることで、自然と活動量が増える

❼ 姿勢が改善し、背が高くなり、視野が格段に広がる

トレーニングの後は少し歩いてみてください。より高い重心位置で歩くことができた、より前に重心を置いてラクに歩けた、ということが感じられたら、ぜひその感覚を覚えておいていただきたいと思います。

それがまさに「動ける身体」の体感なのです。

スゴイ特徴6

身体の要である“広背筋”が目覚める

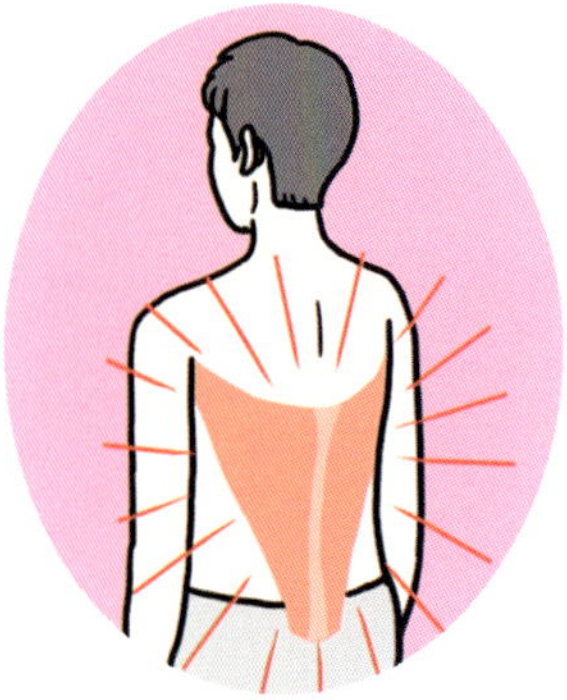

ロコムーブでは、歩く、走る、投げる、打つ、蹴る、跳ぶなどの動作の中で必要な広背筋を活動させます。広背筋が活動すると骨盤が引き上がり、重心位置も引き上がります。出ようとする脚に対して同じ側の肋骨も進行方向に動かされ、全身で動けるフォームを形成するのです。少ない筋出力で素早く、力強く動くことができます。

広背筋は疲労回復にも役立ちます。硬くなりやすい裏ももハムストリングスや、僧帽筋上部の緊張を取るのです。

ハムストリングスとは、骨盤とすねの骨を結ぶ筋肉のこと。硬くなると骨盤を後下方へ引き下げ、ひざを曲げます。すると、重心が後ろにかかり、倒れないようにバランスを取ろうと、頭が前に突き出たような姿勢になります。着地ごとに肩や腰への負担も大きくなります。

人間の身体には相反抑制という反射があります。ある筋肉を活動させようと「オン」になると、反射的に反対の働きをする筋肉の活動が「オフ」になるのです。

例えば「ひじを曲げよう」とする時は、上腕の表側にある上腕二頭筋が「オン」になる一方、上腕の裏側にある上腕三頭筋が「オフ」になって緊張を解くように働きます。このメカニズムを利用すれば、拮抗《きっこう》する筋肉を活動させることによって、特定の筋肉をゆるめ、柔軟にすることができるのです。

硬く緊張してしまったハムストリングスの活動をオフにするには、骨盤を下に引き下げる動きとは逆の骨盤を上に引き上げる動きをする筋肉、すなわち広背筋をオンにすればいいのです。

また、肩コリの筋である僧帽筋上部の緊張をオフにするには、肩をすくめている動きとは逆の、肩を開く動きをする筋肉をオンにする必要があります。これもじつは、広背筋の働きなのです。

ロコムーブは、ハムストリングスと僧帽筋を別々にアプローチするのではなく、広背筋を活動させることで、2つの筋肉の柔軟性を一気に取り戻していきます。

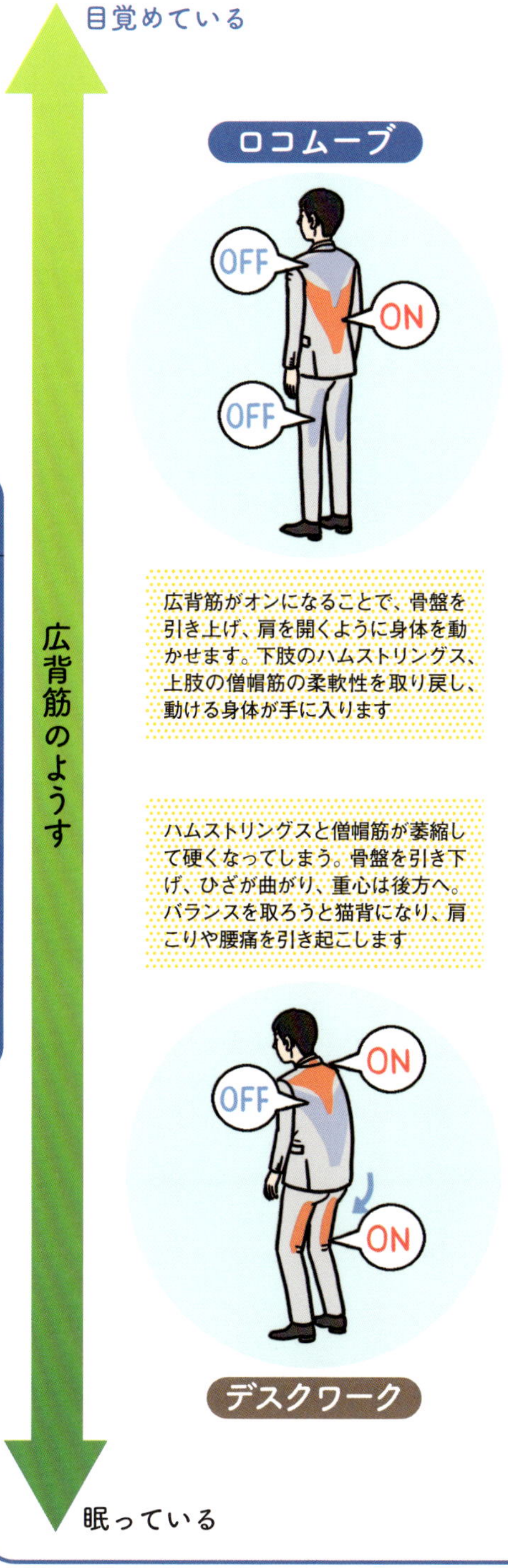

広背筋がオンになることで、骨盤を引き上げ、肩を開くように身体を動かせます。下肢のハムストリングス、上肢の僧帽筋の柔軟性を取り戻し、動ける身体が手に入ります

ハムストリングスと僧帽筋が萎縮して硬くなってしまう。骨盤を引き下げ、ひざが曲がり、重心は後方へ。バランスを取ろうと猫背になり、肩こりや腰痛を引き起こします

スゴイ特徴7 伸筋に働き、加齢による関節の曲がりを防ぐ

骨を動かす筋肉には、関節を曲げるための屈筋と、関節を伸ばすための伸筋があります。

では、質問です。背骨を曲げる筋肉と伸ばす筋肉のどちらを鍛えるのが、私達が目指す『動きやすい身体』につながるでしょうか。皆さんならもうおわかりですね。

背筋を伸ばしたほうが姿勢がよくなり、重心位置が高く前方へと変化することで移動がスムーズになります。鍛えるべきは、関節を曲げる「屈筋」ではなく、関節を伸ばす「伸筋」です。

ロコムーブはすべて、背中やお尻、裏ももなど身体の後面に存在する関節を伸ばす伸筋群を鍛える動作になっています。

日常生活ではパソコンを操作する時に肩が丸くなったり、食べ物を口に運ぶ時に肘を曲げたりと屈筋の活動が多いです。屈筋は身体を丸くする方向に働きます。

伸筋を活性化させることで、丸まった身体を正しいバランスに戻し、重力に対してまっすぐ立てるようになり

加齢による筋肉と姿勢の変化

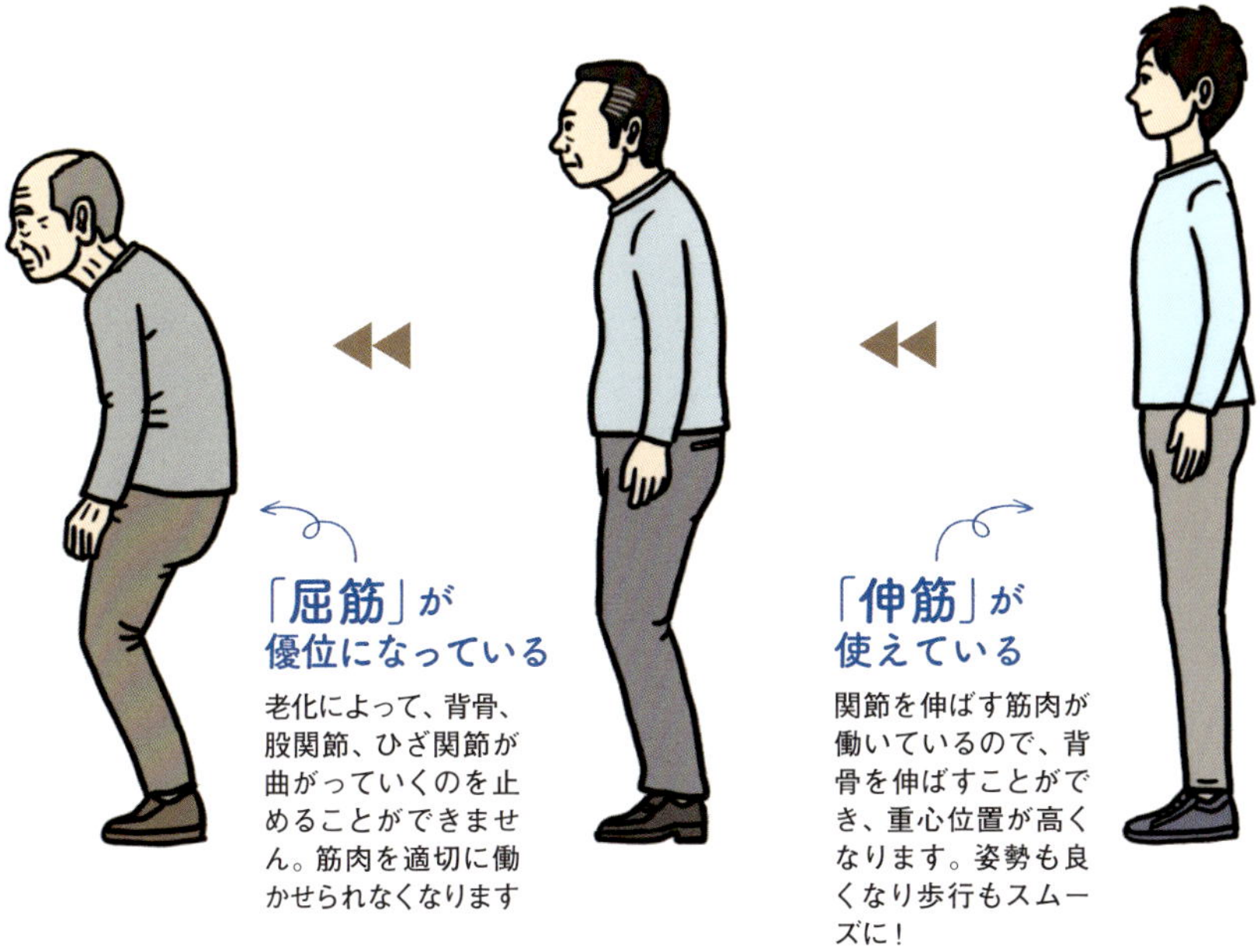
「屈筋」が
優位になっている
老化によって、背骨、股関節、ひざ関節が曲がっていくのを止めることができません。筋肉を適切に働かせられなくなります
「伸筋」が
使えている
関節を伸ばす筋肉が働いているので、背骨を伸ばすことができ、重心位置が高くなります。姿勢も良くなり歩行もスムーズに！

ます。その結果、地面などへの出力が高まることになりますので、動きにキレが出たり、軽快さへとつながるのです。

もちろん、屈筋も大切な筋肉です。ですが、関節や骨は、年を取れば自然と曲がっていきます。背骨だけでなく、股関節やひざ関節もそうです。老化とはひと言でいうと、関節が曲がっていく現象ともいえます。加齢とともに曲がっていくものを、腹筋運動などのトレーニングでわざわざ今から曲げる必要はないのです。

むしろ、アンチエイジングをしようと思えば、曲がっていく関節を伸ばしていくことのほうが理にかなっています。

目に見えない後面を鍛えることは困難ですが、的確に鍛えることができれば、身体バランスは向上します。

今まで当たり前のように行ってきたトレーニング動作をもう一度点検してみてはいかがでしょう。

Column.1

動ける身体は筋活動をしない!?

「ロコムーブによって、眠っていた筋肉が動きだす」というと、つねに筋活動が活発な身体になるというイメージを持つかもしれません。

しかし、意外に知られていませんが、歩行中や立っている時の筋電図を取ると、高齢者は若い人よりも過剰に筋肉が緊張しています。つまり、高齢者のほうが筋活動をしているのです。

精神的なリラックスと身体的なリラックスは一致しません。穏やかな表情をしていても、じつは身体全体は力んで硬くなっているのです。

筋肉にゆるむ時間がなく、ずっと緊張していると筋肉内の血管が圧迫され、血流障害やコリが起こってしまいます。

では、どうしたら身体の力みを取ることができるのでしょうか？

それは力学的に最も安定した位置に骨格が配置される——次章で紹介する、ロコムーブスタンスのような立ち方をすることです。

動ける身体とは、つねに力むのではなく、短い筋活動で大きなパフォーマンスを発揮できることにほかなりません。

トレーニングが苦しければ苦しいほど身になっているという考え方や、履くと負荷のかかる靴、電気で筋肉を動かし続ける機器など、身近で効果がありそうな宣伝文句こそ、一度見つめ直す必要があるのではないでしょうか。

第2章

実践！３つの動きで劇的に変わる

——この基本の動きが連動して全身の機能を高める

これを知らずにやると効果が半減！

ロコムーブ・トレーニング 基本のルール

ルール 1

量より質にこだわる

ロコムーブでは回数や重さよりも動作を重視しています。それはロコムーブがこれまで眠っていた広背筋を動かすために多くの関節の連動性を引き出す必要があるためです。回数は一つの目安として設定していますが、動作を習得して自分のものにすることを目指しましょう。

ルール 2

初めての人は「プレ」から

身体の運動連鎖に着目したことで、これから出てくる３種目を丁寧に正確に行えば、1セット、うまくいけばたった1回でも効果を確認することができます。言い換えれば、わずかな手足の向きや角度によって、筋肉の活動量は変わってきてしまうのです。日頃、運動経験のない方は、ムリをせず強度を落とした「プレ」の動きから始めましょう。

ルール 3

「フェニックス→カンガルー→チーター」の順で行う

どの動きも「広背筋」をメインに他の筋肉群との連動性を引き出すものです。しかし、一口に広背筋といっても、人体で最大の面積を持つ筋肉のため、動かし方は一つではありません。また動かし方によって、波及していく部位も変わります。これまで動かしてこなかった部位がムリなくほぐれ、動かせるようになるためにも、徐々に強度が上がっていくことが大切です。また、種目ごとに相互に影響を与えるので、この順番を守ってください。

ルール 4

正確な姿勢をとる

ロコムーブでは立ち方を非常に重視しています。それは、立ち方次第で、腕や脚の動きはもちろん、体幹の動作も大きく変わってくるからです。試しに、足の向きをまっすぐにした場合と、がに股にした場合とで前屈と後屈をしてみてください。がに股では前後屈ともに可動域が狭くなり、筋肉が伸びている部分や可動域に違いを感じられたのではないでしょうか。ロコムーブでは理想的な立ち方を「ロコムーブ・スタンス」と命名し、共通した立ち方をとっていきます。

やり方

1 両足を腰幅に広げて立つ。この時、足の向きはまっすぐにする

2 かかとよりもやや前方、やや前重心で立つ

3 骨盤をやや前傾にして引き上げる

4 みぞおちを引き上げる

5 後頭部のうなじの辺りを引き上げるイメージであごを軽く引く

ロコムーブ・スタンスのポイント

ポイント

背すじを伸ばすように、うなじを引き上げあごを引く

OK

NG

ポイント

骨盤を後ろに引かない、後傾しない

OK

NG

NG

ポイント

肩幅に開いて足の側面を平行にする

OK

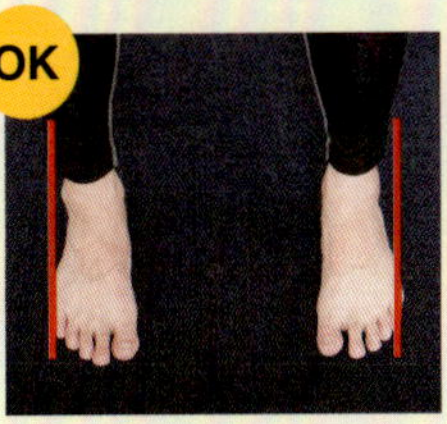

NG

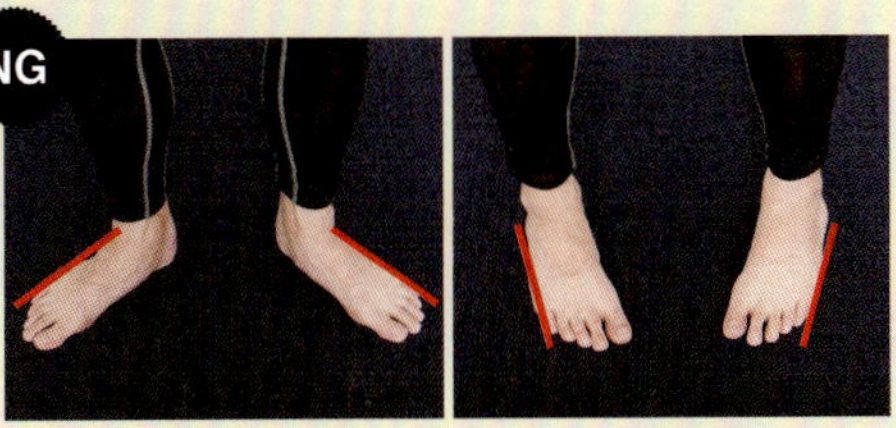

フェニックス

大きな鳥がバサッと翼を広げるイメージで腕を広げ、「胸椎」と連動する関節の動きを引き出す

広背筋は胸椎《きょうつい》、骨盤から肩甲骨にまたがり、上腕骨の前側に向かってくっついています。

フェニックスでは鎖骨を開き、肩甲骨を寄せながら下げていくことで、広背筋が大きく縮みます。また、広背筋と連動して、肩甲骨周辺にある僧帽筋《そうぼうきん》、胸鎖乳突筋《きょうさにゅうとつきん》の緊張を解き、硬くなりがちな胸椎、肋骨、鎖骨、肩甲骨の可動域を拡大させます。

主な効果として、

- 頸椎への負担が減ることから、首・肩こりの改善
- 首の可動域を広げる
- 胸椎が伸びて猫背が解消されるなど、姿勢矯正
- 肋骨が拡張することで、呼吸がラクになる、集中力が上がる
- 股関節から脊柱全体の伸展力が増すため、身体にしなりが生まれる

などの効果を感じられます。

パソコンやスマートフォンを長時間使うことによる「ストレートネック」の改善と予防に大きな効果を発揮します。加齢とともに背骨は丸くなっていくので、背骨全体をきれいに伸ばすことはアンチエイジングには欠かせません。

大胸筋《だいきょうきん》
僧帽筋《そうぼうきん》
広背筋《こうはいきん》
股関節《こかんせつ》

フェニックス 3回×3セット

1 ロコムーブ・スタンスを取ります。両手を合わせて、ピストル形に組みます。腕から手の下のラインがまっすぐになるように人差し指はやや斜め上に向け、胸の前に両腕を伸ばします

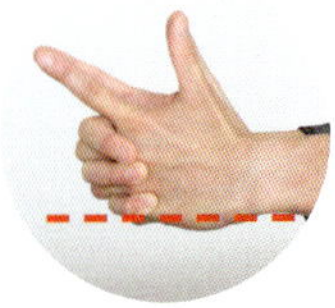

手の下のラインは
まっすぐに！

2 伸ばした腕を、ひじを曲げないように気をつけながら頭の上へと持っていきます。両腕が耳の後ろまで持っていけるとベターです

腕は耳の後ろまで

腕につられて
背中が反っている

肩がすくみ
上がっている

背中が
曲がっている

3 組んだ手を離して、手のひらが外側に向くように腕全体を内側にひねります

4 手のひらを外に向けたまま、胸を開くように鎖骨を広げます。この時、骨盤は引き上げるようにします。肩甲骨をギューッと背骨側に寄せて1秒キープします

ここに効くとOK!
背中から腰にかけてギューッと縮んでいる感覚があれば、広背筋に効いています

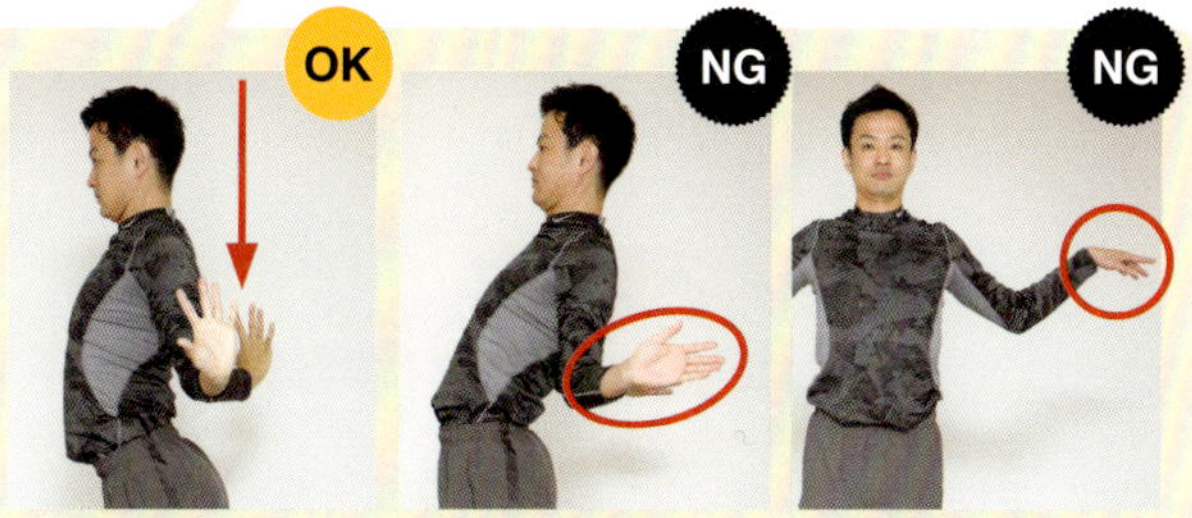

OK：上げた所からまっすぐ下におろす

NG：指先が後ろに向いている

NG：手のひらが下を向いている

NG：ひじを曲げてから開いている

＼きつい人はこれから！／

プレフェニックス

上半身がぶれる人や、腰に負担を感じる人は椅子に座って行なう「プレフェニックス」から始めてみましょう。プレフェニックスの前後でゆっくり首を反らして、どこまで後ろが見えるか確認してみてください。天井の見える範囲はどれほど広くなるでしょうか？

腕から手の下の
ラインがまっすぐ
になるように

1 椅子に浅めに腰かけて、足裏全体を床につける。この時、骨盤が立った状態であることを確認。座っていても、ロコムーブ・スタンスになるように足や頭の位置をセット。両手をピストル形に組んで両腕をまっすぐ前に出します

NG
骨盤が倒れ、
背中が曲がっている

NG
足先、ひざが
開いている

3 組んだ手を離して、手のひらが外側を向くように左右に開き、みぞおちを引き上げるように鎖骨をしっかり開く。肩甲骨を寄せて1秒キープ

2 ひじを曲げないように、両腕を真上にグッと上げます。この時、可能なら耳の後ろに両腕がくるようにします

カンガルー

広背筋の活動により骨盤・股関節の連動性を引き出し、お尻、裏ももの柔軟性を高める

座りっぱなしだと、お尻と裏ももの筋肉が硬く縮まり、引っ張られるように骨盤が後傾します。すると、骨盤につながっている広背筋の動きを妨げることに……。「カンガルー」では、お尻から裏ももを伸ばして硬まった筋肉を柔軟にすることで、広背筋を活性化することができます。ちょっと見ただけだと、スクワットに似ているかもしれません。しかし、スクワットはひざの曲げ伸ばしを中心に行い、ももの前部分の筋肉を鍛えるもの。ひざが前後に動くのが特徴です。カンガルーでは股関節の曲げ伸ばしを中心に行います。ひざが前後するのではなく、ひざを支点として骨盤が前後に回転するような動作をします。

主な効果として、

- 肩こり・腰痛の改善
- 肋骨と骨盤の位置関係が変化し腹囲が減る
- 下半身から全身の血流アップ
- 歩幅が自然と広くなる

などがあげられます。

股関節の回転がスムーズになると、ゴルフの力強いスイングやランニングのスムーズな脚運びが実現します。ふだん、運動をしない人でも、カンガルーの前後で前屈をしてみてください。指先が地面に近づくのが実感できるのではないでしょうか。

広《こう》背《はい》筋《きん》
大《だい》臀《でん》筋《きん》
内《ない》転《てん》筋《きん》
ハムストリングス

カンガルー 10回× 3セット

1 ロコムーブ・スタンスをセット。
腰(骨盤)に手を当て、両ひじを
軽く引き寄せ胸を開きます

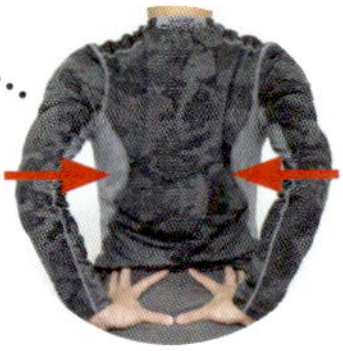

ひじは内に寄せる

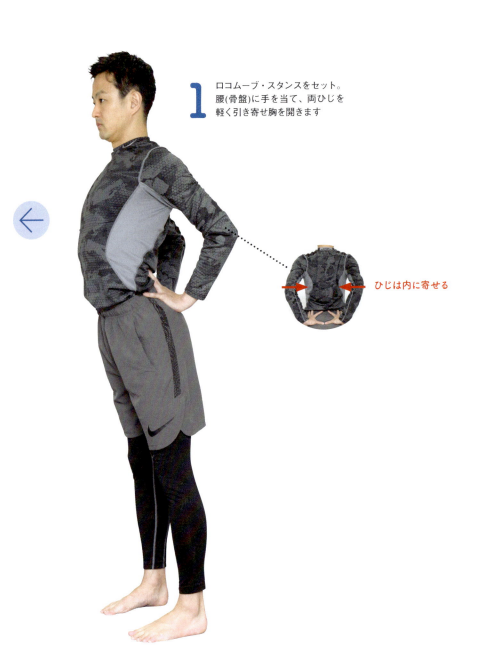

2 みぞおちを軽く張った状態から、身体を股関節で折るように、お尻を後ろに突出し1秒キープします

背骨はしっかり伸ばし、両ひじは寄せる

ここに効くとOK!
裏もも、内ももがジワーッと伸びている感覚があればOKです

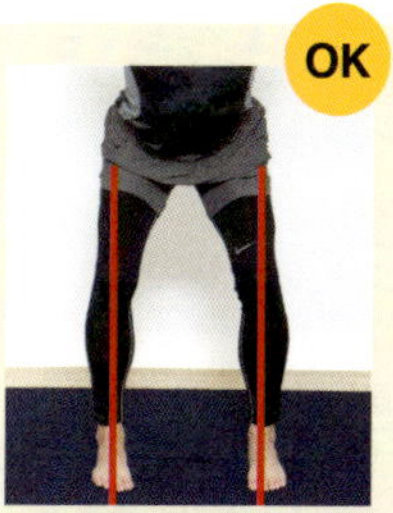

股関節、ひざ、足が一直線上にくる

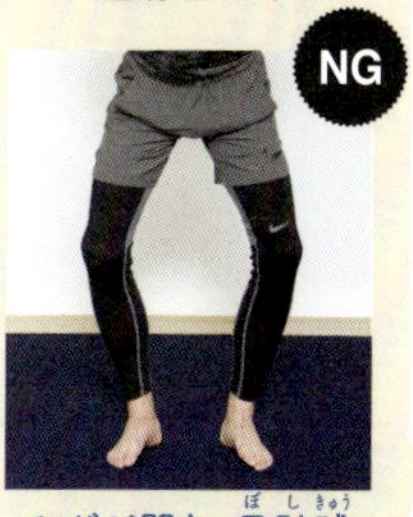

ひざが開き、母趾球《ぼしきゅう》と親指が浮いている

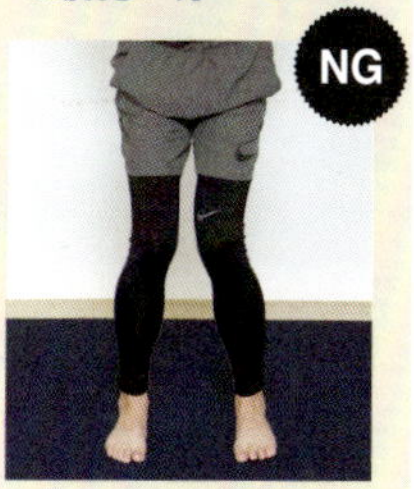

ひざが内に入っている

背中が曲がって、前かがみになっている

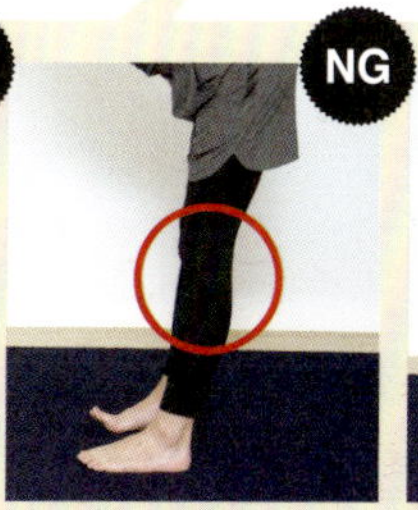

ひざがまっすぐ伸びている

ひざが大きく曲がり、股関節から曲がっていない

ひじが開いてしまっている

\きつい人はこれから！/

プレカンガルー

腰痛のある人や、カンガルーで腰に張りが出る人はプレカンガルーをやってみてください。また、カンガルーで腰に痛みが出るのは、肩甲骨周辺の硬さが原因となっているからです。股関節と肩甲骨の動きは連動しますから、フェニックスで肩甲骨が十分背骨に寄せられるようになれば痛みはだいぶ解消するでしょう。

背中が丸くなり、
肩に力が入っている

1 両脚を肩幅くらいに開き、両手をテーブルに置いて前かがみになります。テーブルから1メートル離れた位置に立ちます

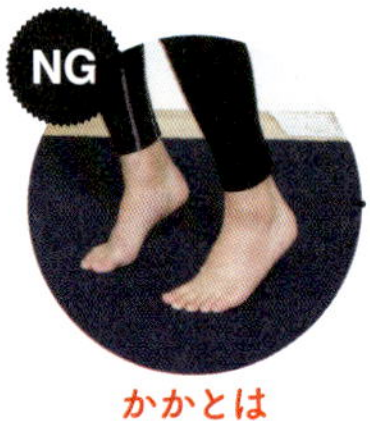

かかとは
浮かせない

NG

ひざが伸び、かかと
重心になっている

NG

頭が腕の下に
入っている

2 ひざが前後に動かないように、背すじを伸ばしたまま上半身を低く倒しながら、お尻を後ろに突き上げるように引き1秒キープ。伸びた裏ももの筋肉によって腰を前方にポーンと移動して1の体勢に戻ります

床と平行になるのを目安に、
ひざではなく股関節から曲げる
正面から見て、股関節～ひざ～足が
地面に対して垂直になるようにする

チーター

背骨と骨盤の動きを引き出し、
裏もも、広背筋の身体機能を呼び覚ます！

背中に効く「フェニックス」とお尻と裏ももに効く「カンガルー」の効果を併せ持つ「チーター」。最大の特徴は、股関節を曲げた状態で前傾姿勢をとること。

これは動ける身体の最大のポイントです。前傾姿勢になることで、ふだんはお腹の内臓を受け止めていた骨盤がその負担から解放されます。すると、まっすぐに立っている時よりも、骨盤の自由度が増し、股関節や肩関節の動きが拡大します。

チーターのように、地面と上半身が平行なくらいの前傾姿勢だからこそ、呼び覚ますことができる身体機能もあるのです。

主な効果として、

- 身体の重心の位置が高くなり、関節や筋肉に負担をかけずに動けるので、身体が前に押し出されるようにすいすい進む
- 身体が軽く、疲れにくい
- 走る、投げる、跳ぶなど、地面やボール等に力を効率的に発揮することができる

などがあります。

チーターの前後で周囲を歩いてみてください。姿勢の変化、背が高くなったような感覚、トントンという弾むような歩行リズムで、前へ前へと押し出される力を感じられませんか？ これこそ動ける身体の身体感覚とリズムなのです。

僧《そう》帽《ぼう》筋《きん》
広《こう》背《はい》筋《きん》
ハムストリングス
ふくらはぎ

チーター 3回×3セット

NG
ひじが開き、
肩が丸まっている

NG
上半身が
起き上がっている

NG
手が上がり
すぎている

1 ひざを軽くゆるめ、股関節で身体を折り、背骨をまっすぐにしたまま前かがみになります。お尻を突き上げるように骨盤を前傾させます。手はくるぶしあたりにそえておきます

股関節を曲げ、
骨盤は前傾する
ひざ関節は140～150度に
曲がっている
両足は平行に開き、股関節～
ひざ～足関節は地面と垂直にする

NG
背中が丸まっている

NG
ひざが90度まで
曲がっている

3 そのまま手の位置が股関節にくるまでひじを高く引き上げます。肩甲骨を寄せて1秒キープ

ここに効くとOK!
ももの裏からふくらはぎにかけて強い伸びを感じていればOK

OK

肩が丸まらず、ひじが倒れていない

NG

手のひらが上を向く

NG

手を股関節ではなく、お腹に引きつけている

2 1でつくった前傾姿勢を維持したまま、肩と胸を開きながらひじを引き上げていきます。手首を反らせるように、脇をしめ、垂直に引き上げていきます

3種目の動きがマスターできたら、通して行ってみましょう。全身を滑らかに、合理的に動かすことができたら、たった1回でも身体の動きや姿勢は変わります。理にかなった動きはやればやるほど身体が動きやすく、軽くなっていきます。また、トレーニング直後の歩きやすさはトレーニングが正しくできているかどうかのひとつの目安になります。

2 カンガルー

フェニックスのポーズからスタート

上半身を真っ直ぐに保ったまま、股関節から曲げるように骨盤を後ろに突き出します

3 チーター

カンガルーのポーズからスタート

そのまま背中を丸めないように上半身を地面と平行になるまで倒していきます。手はピストル形に組んで足元へ

3つの動きができたら

連動した動きに挑戦！ ～応用編～

1 フェニックス

ロコムーブ・スタンスをセット。手をピストル形に合わせて、まっすぐ前に上げます

ひじを曲げないように、頭上へ腕を上げる。腕は耳の後ろにくるようにします

手のひらが外側に向くように手を開き、肩甲骨を寄せながら、そのまま下げ1秒キープ

手を組んだまま、両腕を肩の高さまで上げます。ひじは曲げません

前傾姿勢でのフェニックスのように手のひらが外側を向くように開き、胸を開き、肩甲骨を寄せます。1秒キープし、ロコムーブ・スタンスに戻ります

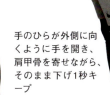

Column.2

バランスボールがバランス感覚を衰えさせる!?

大きなボールの上でバランス感覚を身につけるというトレーニングがあります。

いかにもバランス感覚がよくなりそうですが……。

じつはバランスボールの上で止まるためのバランスは身につきますが、「動くためのバランス」は身につきにくいのです。

なぜなら、バランスボールによるトレーニングというのは「不安定なものの上に、自分を固定させる技術」を求めるものです。実際にバランスボールに乗ってみるとわかりますが、この場合、自分を固定させようと、腹筋や胸、力こぶなど屈筋に力が入ります。

一方で、動物は自ら不安定なバランスをつくることで身体を動かしています。例えば歩いている時は片脚のバランス、走っている時は両脚が地面から離れている瞬間のバランスというように。そしてこの場合は、関節を伸ばす伸筋が働いています。

つまり、バランスボールでは「不安定→安定」が求められるバランスで屈筋を必要とし、動くためには「安定→不安定」というバランスで伸筋が重要なのです。

どちらも“バランス”と表現しますが、その内容はまったく異なります。やみくもなトレーニングは逆効果に働いているかもしれません。

初公開！

第3章

身体機能を最大限発揮する究極の動き

――ロコムーブの本質は『左右交互』の動きにある

基本の動きがマスターできたら「左右交互」の動きに挑戦

肩や腰が痛くなるのはいつも右側、そういえば運動で脚を痛めるのも右側が多い……など、みなさんも過去のケガはどちらかに偏って発生していないでしょうか。

痛みやコリは左右均等に出ることはあまりありません。身体の左右差から生じることが多いからです。

というのも、人間を含め、動物の動作の基本原則は、片側ずつ、左右交互に動くということです。歩行をはじめ、投げる・跳ぶ・打つなどのあらゆる動作は、片脚から他方の片脚へ移動する「重心移動の力」を利用しているのです。

この動きの原則は、完全に真逆のタイミングで筋活動・関節運動が行われることが理想的です。

そして、筋肉も背骨を中心として、右と左に分かれています。背中一面に広がっているように見える広背筋も例外ではありません。広背筋を最大限縮めたり伸ばしたりするためには、左右片側ずつ動かす必要があります。

ロコムーブでは広背筋の最大収縮・伸長を求めます。よって、左右交互の片側種目を習得することを最終ゴールとしています。

全身に効く3つの基本の動き

「フェニックス」「カンガルー」「チーター」は両腕両脚が左右対称の動作。

広背筋を使えるようになるための、ロコムーブの核となる左右交互動作の準備種目といえます

その人の身体に合わせた4つの動き

「ホースキック」「サウルス」「エレファント」「モンキーウォーク」は左右非対称の動き。

偏りがある側を重点的に行うことで、左右差を小さくすることもできます

あなたは気づいている？

身体の偏り度をチェック！

広背筋は背中の広い範囲を覆っている筋肉ですが、背骨を中心として、左右で独立して動くことが自然な動きです。そして、左右の広背筋はお互いが「拮抗筋」の関係にあります。つまり、右の広背筋をオンにすれば、左の広背筋がオフになる。左の広背筋をオンにすれば、右の広背筋がオフになるという関係があるのです。

では、あなたの広背筋の左右のバランスがどうなっているのか、さっそく調べてみましょう！

周囲1メートルほどに障害物がない場所を選びます。方向がわかってしまうので、音楽がかかっていたら止めてください。では、目を閉じて30秒間その場で足踏みをしてみてください（できたらペアで行うと時間が正確に測れ、万一障害物にぶつかりそうになっても止められるのでベターです）。

いかがでしたか？

左右チェック方法

目を閉じて30秒足踏みをする

▼

左に曲がった人

左側の広背筋が硬くなっている可能性があります。右の広背筋をオンにする動きを重点的に行うことで左の広背筋をゆるめます

右に曲がった人

右側の広背筋が硬くなっている可能性があります。左の広背筋をオンにする動きを重点的に行うことで右の広背筋をゆるめます

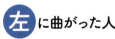

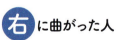

動きに
入る前に！

片脚立ちをマスターする

基本3種目は両脚をついた動きでしたが、応用4種目は片脚の動きになります。両脚から片脚への移動は、非常に不安定なバランスです。安定した状態から不安定な状態へとバランス変化する能力こそ本来のバランス能力であり、力を生む要因です。まずは、本来のバランスを取り戻す、片脚立ちをマスターしてください。

壁に手をついたロコムーブ・スタンスの状態から静かに片脚を上げてキープ。反対側も同じように行います。

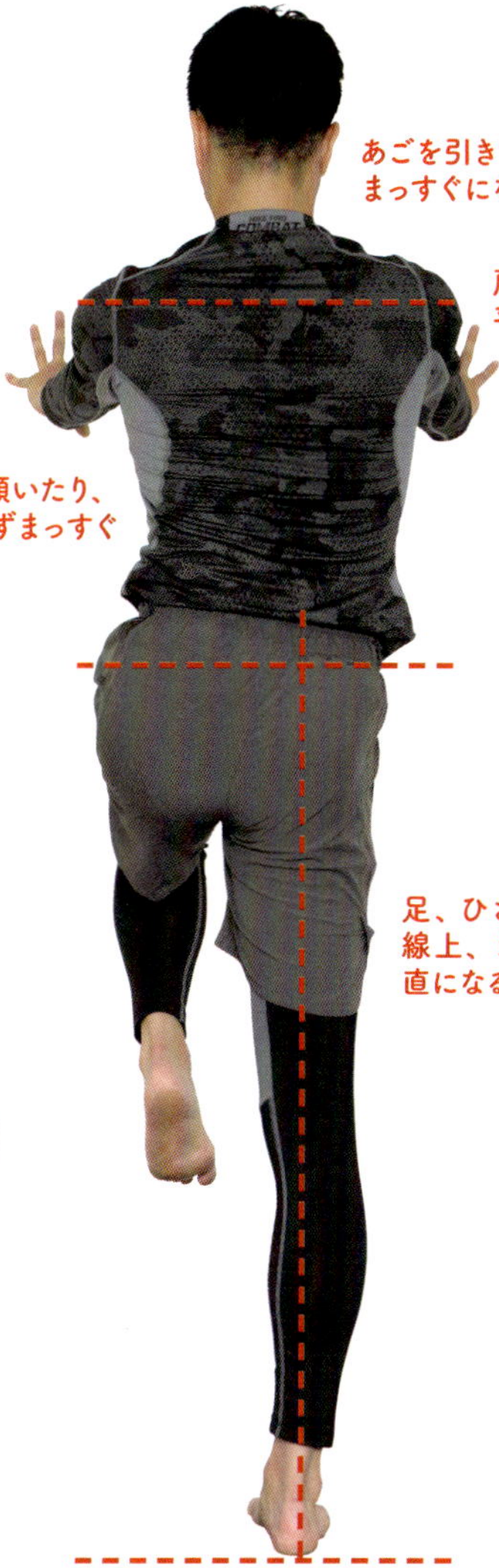
あごを引き背骨が
まっすぐになるように
肩と骨盤は地面と
平行になるように
上半身が横に傾いたり、
前傾、後傾せずまっすぐ
足、ひざ、骨盤が一直
線上、地面に対して垂
直になるようにする

NG
上半身が支持脚側に
傾いている

NG
腰がねじれている

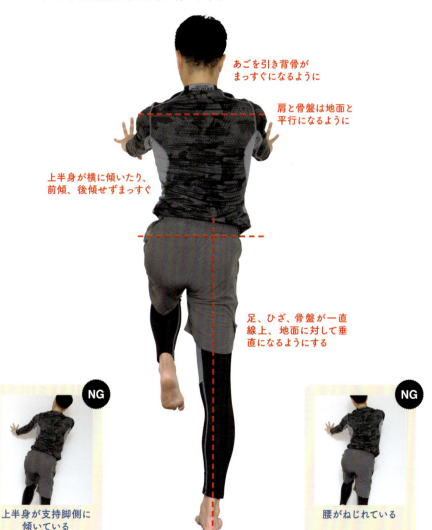

モンキーウォーク

腕を高く持ち上げ、地面からの力をもらって
背骨を最大限伸ばす。究極の伸びのポーズ

猿が木の枝にぶらさがり、軽々とわたっていくように、背骨のしなやかさを引き出しながら歩く「モンキーウォーク」。この種目のポイントは、背骨の伸びを最大限引き出すことにあります。

ここで、良い姿勢の大切なポイントを一つ。背中にある胸椎と呼ばれる背骨は、腕を肩よりも高く上げる時に自然に伸ばされます。腕を肩の高さまで上げる時は、主に三角筋と呼ばれる肩関節を覆う筋肉の活動によって行われます。

しかし、肩よりも高く頭上に上げようとすると、肩の筋肉だけでは上がりません。脊柱全体が伸展しなければ、決して頭上に腕を持ち上げることはできないのです。

したがって、脊柱伸展の可動性が低下した高齢者はバンザイができなくなります。

よく、デスクワークで疲れた時に両腕を上げて伸びをしているのも重力によって丸くなった胸椎を伸ばそうとする身体の要求です。モンキーウォークは究極の〝伸び〟動作だと捉えてください。

関節を伸ばす伸筋にアプローチすることは、地面などへの出力が高まるので、動きにキレが出たり、軽快さへとつながるのです。

三角筋《さんかくきん》
胸椎《きょうつい》

モンキーウォーク 3回×3セット

1 足をそろえて立ち、背筋を伸ばす。両手を口の前であわせる

NG

手が外側に
開いている

NG

後ろ足のかかとが
ついたままになっている

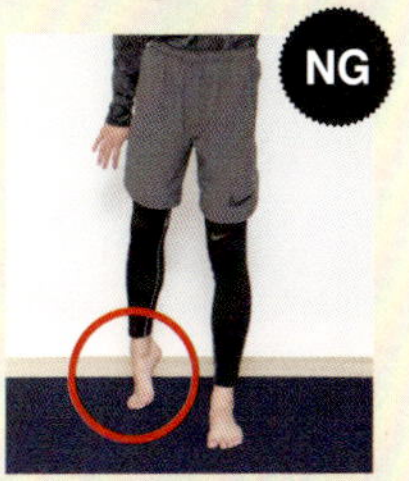
NG

後ろ足が外側を
向いている

NG

上半身が
ねじれている

上げた手は内側に回す
下げた手は手のひらが外に
向くように内側にひねる
かかとは上げる

2 右手を天上に向かって頭上高く伸ばします。同時に左手はぶら下げた状態で、手のひらが外に向くように内側にひねることで左側の肋骨が前に出てきます。足は、手を上げるタイミングで右足を一歩出し、左足はかかとを高く持ち上げます。1の状態に戻し、反対側でも同じように交互に行います

ここに効くとOK!

右の背中や脇腹が伸びている感じがあればＯＫ

サウルス

究極の前後開脚。縮まりやすい大腰筋をしっかりと伸ばし、歩幅が拡大する

何かと座ることが多い現代では、腰椎から骨盤の前を通り、股関節の内側にかけてついている大腰筋は常に縮こまっています。

腰の前面に働きかける筋肉なので、骨盤が前傾しすぎて、反り腰などを引き起こします。また、縮まった大腰筋のまま歩くと、立ち脚が地面を押し切れません。これではいくらももを上げても身体は前に進みません。

これは脚の速さを求めるアスリートにもいえます。

速く走るとは、手足を素早く動かすことではなく、じつはしっかり地面を押せる骨格バランスをつくることが最優先なのです。

この大腰筋も左右交互の片側動作ではじめて本来の活動を引き起こす筋肉なのです。

大腰筋は腰椎という背骨に付着しているので、広背筋の作用により、しっかりと背骨を伸ばし、骨盤と胸郭を中心に適切なひねり動作を誘発することで十分に伸ばすことができます。

サウルスをする前後で走ったり、歩いたりしてみてください。その推進力に驚くとともに、歩幅が拡大し、どこまでも歩いていたい気分になるはずです。

大腰筋《だいようきん》

サウルス 3回×3セット

ひざをしっかりと伸ばす
つま先はまっすぐ前を向き、
かかとは上げておく

1 左右チェックで左に曲がった人は左足を大きく後ろに下げます。右脚はひざを軽く曲げますが、足より前にでないようにします。上半身はまっすぐをキープ

NG

後ろ足のひざが曲がっている

NG

上半身が前へ倒れている

腕は耳の後ろまで
ここに効くとOK!
後ろに伸ばしている脚
側の腰の前面に伸びを
感じたらOK
前脚のひざを
少し内に入れる

2 右脚のひざが90度になるまで重心を下げながら、左手を上げ、右手は手のひらが外に向くように内側にひねります。足を入れ替え、反対側も同じように行います

OK
NG
上半身が
傾いている
NG
上半身が
ねじれている

\きつい人はこれから!/

プレサウルス

サウルスでふらふらして安定しない人は、壁を支えに使った「プレサウルス」からはじめましょう。これで大腰筋がしっかり伸ばせるようになると、壁がなくても下半身が安定します。

NG

上半身が
倒れている

NG

後ろ足のひざが
曲がっている

両手を壁につけ、大きく一歩足を後ろに下げます。後ろ足はラクに伸び、前足を曲げた時にひざが足より前に出ないのが足の位置の目安です。次に両手を身体の真ん中正中線の一直線上に置きます。前脚側の手が下、後ろ脚側の手が上になるようにして、前足のひざが90度になるまで重心を下げ1秒キープ。反対側も同じように行います

このあたりに伸びを
感じればOK
かかとは立てておく

NG

上半身が
傾いている

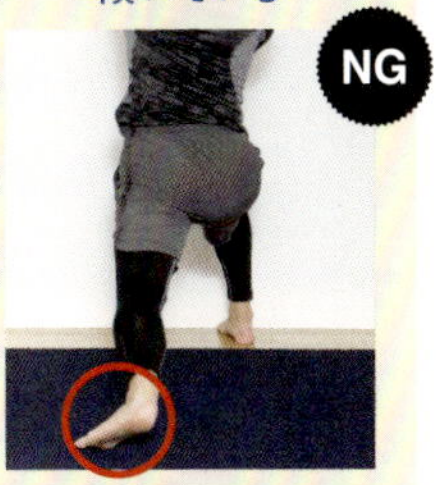
NG

後ろ足が
外を向いている

手は身体の正中線の
上下一直線上に
ならぶようにする
ひざが足より前に出ない
ひざの角度は90度

ホースキック

馬が脚を大きく後方へ蹴り上げるイメージで！
股関節の動きが広背筋を最大限、収縮・伸長させる！

「ホースキック」は股関節の動きによって左右の広背筋を片方ずつ伸び縮みさせます。広背筋を最大限に伸縮でき、左右のアンバランスの修正に大きな効果をもたらす動きです。

広背筋というと、肩甲骨や腕の動きがよく注目されますが、骨盤に付着しているということを改めてご認識ください。そして骨盤は大腿骨とのジョイント部分である、股関節の動きの要となります。つまり、広背筋を真に活動させるためには股関節の動きを無視することはできないのです。ホースキックでは空中脚の股関節の動きによって骨盤の動きを伴って広背筋を活性化させます。

スポーツでも、ゴルフなどは両足がついていると思うかもしれませんが、その荷重は左右均等ではありません。スイングを思い浮かべていただけるとわかると思いますが、軸足は左右入れ替わります。ボールを遠くに投げたい場合も、同様です。ホースキックは、重心移動の力を生み出す広背筋を動かすのにぴったりなのです。

また、ホースキックは腕を台または地面について身体を支えます。下半身が身体を支える役割から解放され、動きの自由度を広げるので、ダイナミックに広背筋を動かせるのです。

股関節《こかんせつ》
広背筋《こうはいきん》

ホースキック 3回× 3セット

手のひらが前を向く
ようにする
背筋がまっすぐで
骨盤が前傾している
ひざは胸のほうへ
ひきつける
立ち脚の股関節～ひざ～足関節が
地面に対して垂直

1 左右差チェックで右を向いてしまった方は、左手を熊手にして地面に手をつきます。左脚は軽く胸の前に引き寄せ、右脚を立ち脚とします（左を向いた方はこの逆になります）。右腕は高く後方に振り上げます

NG
上半身が着地足側に
傾いている

NG
立ち脚のひざが
曲がりすぎている

2 浮かせた足を後ろへ高く蹴り上げると同時に、上げていた腕を振り子のようにななめ前方に振り出します。この時、ただ後ろに蹴り上げるのではなく、股関節を中心に内にひねるので、外くるぶしが前を向きます。反対側でも同様に行います

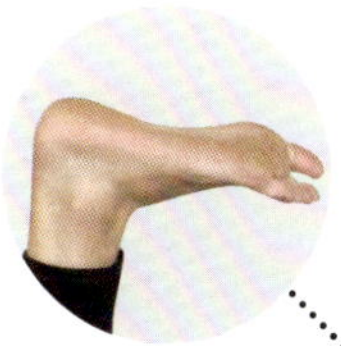
外くるぶしは
前を向く

動かす脚と同じ側の
広背筋が縮むイメージで

NG
腕が外へ
開いている

NG
がに股で足先が
後ろを向いている

NG
上げた足のひざが
伸びきっている

\ きつい人はこれから！ /

プレホースキック

「ホースキック」で地面に手をつくだけでもきついと感じた人は、テーブルに手をついて行う「プレホースキック」からはじめましょう。腕の負荷が軽減される分、足を動かす精度にはこだわっていきましょう。

1 1メートルほど離れた位置からテーブルに両手をつき、片脚になります。浮かせた足のひざは力を抜き、軽く曲げます

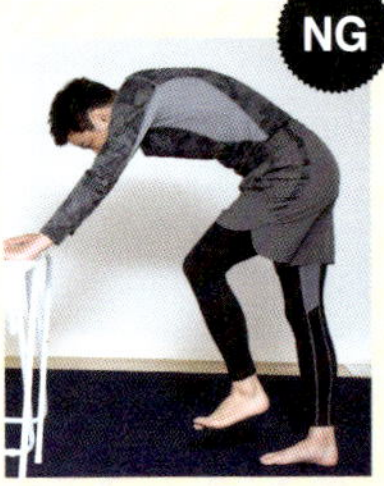

脚を胸に寄せる際に骨盤も一緒に丸くなっている

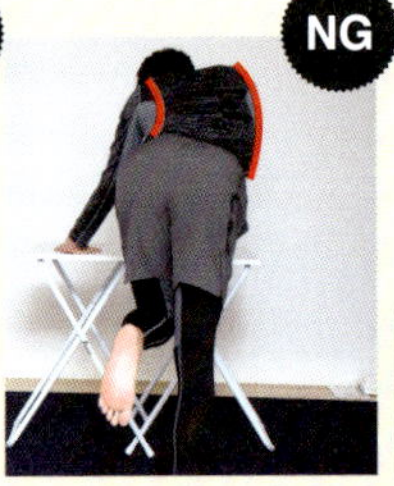

上半身の位置が着地足よりも外側にずれている

足がまっすぐ上がっている

2 浮かせた足を大きく後方に蹴り上げます。真後ろに上げるのではなく、股関節から内に回旋します。反対脚でも同様に行います

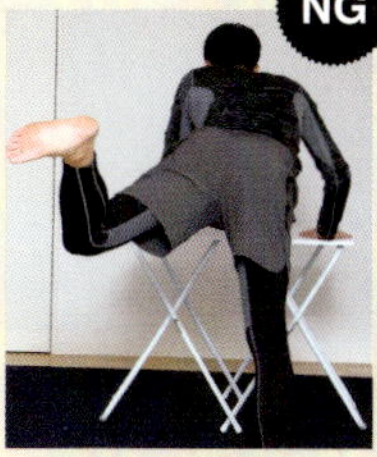

両ひざの間隔が離れすぎ

ひざが外を向き足が内に入る

浮かした足側のお尻が落ちている

エレファント

鎖骨から指先、骨盤から足先までが内に回旋し、
広背筋が最大限伸び縮みする！

ゾウの鼻がしなるようなダイナミックな動きをする「エレファント」。この種目はポーズをキープするのではなく、動いている瞬間に広背筋の最大収縮・伸長が起きることがポイントです。

深い前傾姿勢で横方向への重心移動を伴いながら、腕と脚の双方が内旋されて、片側の広背筋は最大限伸ばされ、もう片側の広背筋はギュッと収縮されます。これ以上ないほど、広背筋を大きく使う非常に不安定な状態ですが、本来のバランス力も習得できます。

左右の広背筋のオン・オフを行いながら移動していく動作は、それこそ野生動物の動作です。けっして、柔軟体操のように直接伸ばしたり、筋トレのように筋肉に刺激を与えているわけではありませんが、しなやかに動く筋肉が手に入ります。

投げる・打つなどの横方向の重心移動を伴うスポーツの原型ともいえる動作です。

複雑で難しそうに思えるかもしれませんが、全身の動きが見違えるように変わる種目です。焦らずに何度もトライしてみてください。

広背筋《こうはいきん》

エレファント 3回×3セット

1 左右差チェックで左を向いてしまった人は右手を地面につき右足のかかとは軽く浮かせて右脚は力を抜きます。左脚を立ち脚とします（左を向いた人はこの逆）

股関節から曲げる。
背中が曲がらないように注意！
腰は高い位置に
右のかかとは
軽く浮かせる

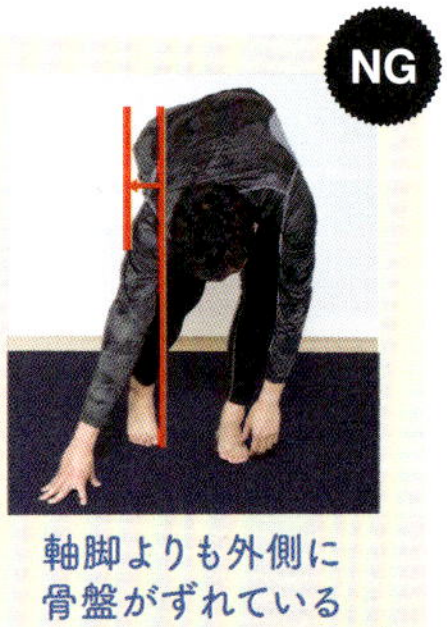
NG
軸脚よりも外側に
骨盤がずれている

NG
背中が曲がり、
上げる足のかかとが
ついている

横から見ると

2 右側に重心を移動させながら、右の股関節と右腕を内旋させます。その際、左腕も内旋させ脇を開くように動作します。上半身は上下動しないように右腕は地面を這うように内旋させましょう。動作中軸脚は回旋させずに、ブレずにしっかりと支えることがポイントです。反対側でも同様に行います

最後は軸脚の
真横に足をつく
軸脚はブレないように

NG
軸足が一緒に
まわってしまっている

NG
上げた腕の脇を
しめてしまっている

＼きつい人はこれから！／

プレエレファント

ダイナミックな腕の動きに目を奪われがちだが、エレファントがしっくりこない人は姿勢と脚の動きが上手くいっていない場合が多い。まずはプレエレファントで脚の動きをものにしよう！

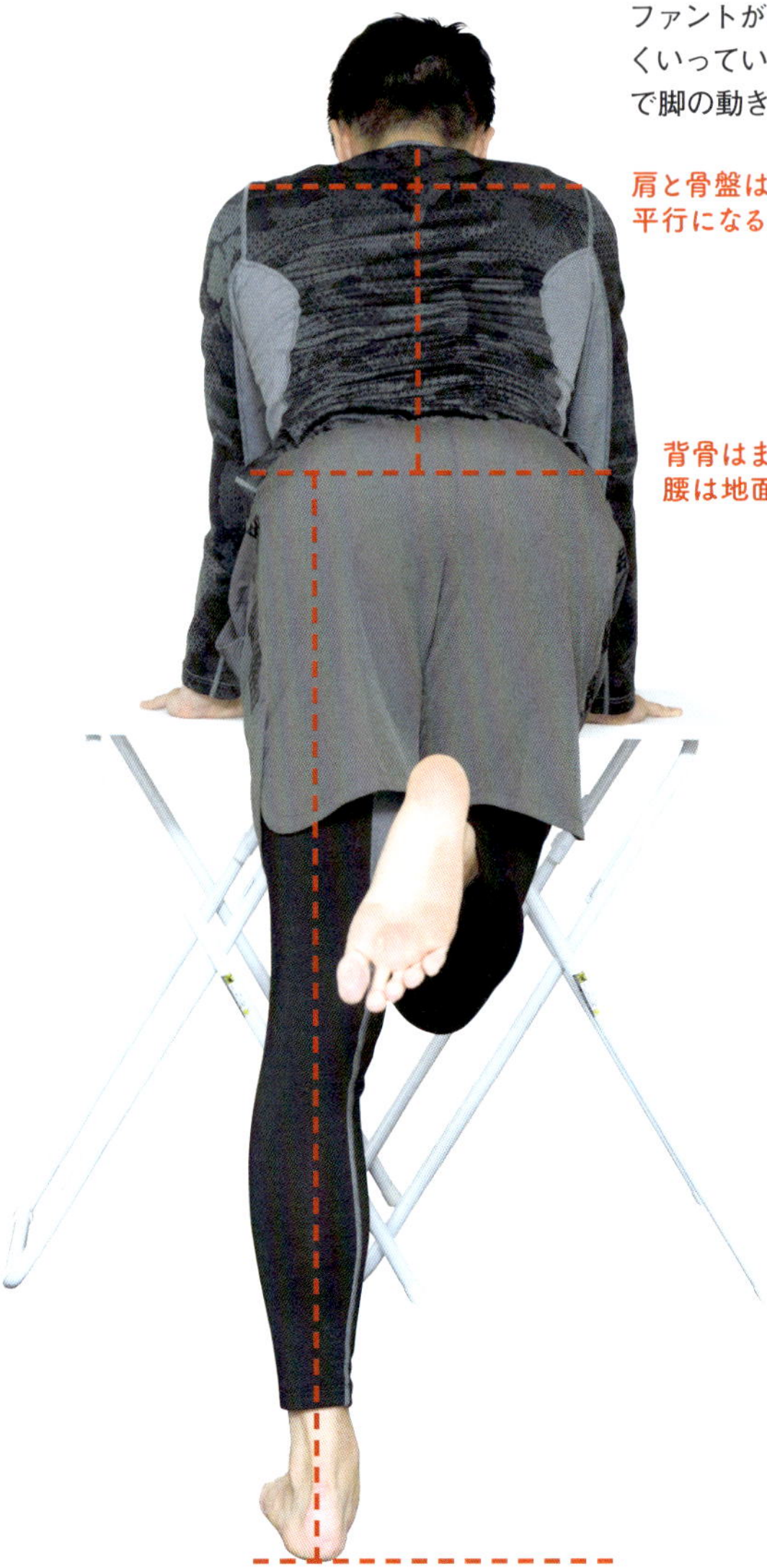

肩と骨盤は地面と
平行になるように
背骨はまっすぐ、
腰は地面と平行になるように
股関節、ひざ、足の位置は
地面と垂直で一直線上に

1 テーブルや台などに手をついて、左脚を股関節〜ひざ〜足首が地面と垂直になるように立ちます。右脚はひざが90度になるように軽く曲げます

2 右方向へやや重心移動しながら、右脚を股関節から内側に回旋させるようにひねります。ひねった足はそのまま立ち脚の真横につきます。反対脚も同様に行います

最後はそのまま
軸脚の横に落とす

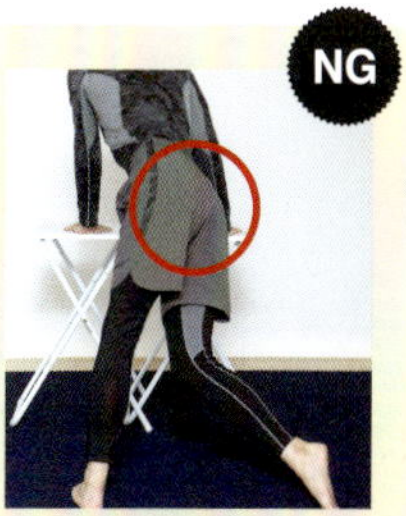

空中脚の腰が
落ちている

軸足がまわって
しまっている

上半身が
ねじれている

Column.3

腹筋運動では お腹はへこまない!?

動ける身体のためにも、「体幹を鍛えたい！」「お腹をへこませたい！」「腹筋を割りたい！」と“腹筋運動”に取り組んだことがある人も多いのではないでしょうか。

とてもポピュラーなトレーニングの一つだと思いますが、私はお客様には一切行っていません。

腹筋は内臓を外的衝撃から保護したり、身体を支えたり、呼吸や排便・排尿にかかわるとても重要な筋肉です。しかし、そもそも筋肉は骨を動かすためにあります。そして骨を動かす筋肉には大きく２種類あります。それは関節を伸ばすための筋肉と曲げるための筋肉です。

腹筋運動で鍛えられる腹直筋はこのうちの「屈筋」に属します。腹直筋は骨盤と肋骨をつなぐ筋肉であるため、この筋肉が収縮すれば背骨が丸くなります。腹筋運動をするということは、背中を丸くする力をつけているということなのです。

「動ける身体」という観点からみると、背中は丸くなっているよりも、背骨が伸び、しなやかに動くほうが大切です。また、猫背の状態ではおへそ周りにお肉が集まってしまい、お腹ポッコリも解消しません。

さて、“腹筋運動”をこれからも続けますか？

効果が
ぐっと上がる！

第4章

ロコムーブ
1週間プログラム
――身体の嬉しい変化を実感

効率よく身体を変える! 見違える!

1週間ロコムーブ・プログラム

ロコムーブは人によっては負担が大きいものも。
効率よく動ける身体を手に入れるためにも、
まずはモデルプログラムを参考にチャレンジを！

ふだん身体を動かさない人が行う

ロコムーブのポイント

ロコムーブ前後の身体の違いをチェック

これまでと筋肉のオンオフが入れ替わるのがロコムーブの最大の特徴。こんなに身体を軽く動かせたっけ？　と思う人も多いかもしれません。続けるモチベーションにもなるので、ぜひ、ご自身の身体の変化を楽しんでください

漠然と回数をこなしてやった気にならない

筋肉の動きを研究し尽くして、ロコムーブは減らすことができないギリギリの種目数にまで凝縮しています。漠然とこなす10回よりも1回1回の精度を上げる意識で取り組んでください。量よりも質が大切です

筋肉の伸び縮みを感じる

ロコムーブは身体の後ろ側にアプローチする動きです。目で見て確認することができないので、慣れないうちは難しく感じるかもしれません、でも、動きを感じることはできます。的確に鍛えるためにも筋肉の伸縮を感じ取ってください

プログラム

1日目	プレフェニックス P44	まずは、プレフェニックスに挑戦。動作の前後で首を前後に倒してみると、一瞬で可動域が広がる。広背筋がオンに、ふだんコリ固まっている僧帽筋がオフになる感覚をより味わえる
2日目	プレフェニックス P44 プレカンガルー P50	プレフェニックスで上半身が軽やかになったところで、プレカンガルーに挑戦。肩甲骨の緊張が取れていると、骨盤の動きもスムーズになる。プレカンガルーで腰の軽さを体感しよう
3日目	プレフェニックス P44 プレカンガルー P50 フェニックス P42	プレフェニックス、プレカンガルーで身体をほぐしたら、フェニックスを追加。背筋が伸びて、視線が高く、後屈もラクに行えたのではないでしょうか
4日目	プレフェニックス P44 プレカンガルー P50 フェニックス P42 カンガルー P48	フェニックス、カンガルーを重点的に行って、動きの精度を高めることにこだわろう。ずいぶん広背筋のオンオフがスムーズになっているのでは？
5日目	フェニックス P42 カンガルー P48 チーター P54	フェニックス、カンガルーができているようならチーターの動きに挑戦。ムリをせず、一つひとつ細かい動きを確認しながら、まずは動きを身につけることを第一に
6日目	フェニックス P42 カンガルー P48 チーター P54	今日もフェニックス、カンガルーまでできていたら、チーターを重点的に。少しきついかもしれませんが、動作後の前屈や歩行に変化を感じませんか？
7日目	フェニックス P42 カンガルー P48 チーター P54	各種目に取り組んで、身体が動くようだったら、3種目をつなげた動作をやってみよう。やるほど身体が動きやすくなっているならＯＫだが、痛みを感じるならムリせず、強度を落とそう

日常的に身体を動かしている人も基本の3種目はしっかりとマスターすることが第一。特にスポーツを行っている人は、あらゆるスポーツの原型である片足の左右交互の種目に挑戦してみましょう。スポーツ特有の左右差など、自分の身体の様子をしっかり把握して取り組んでみてください。スポーツする人ほど、回数や強度にこだわりがちですが、そうではなく、腕や脚の向きや身体を動かす方向など精度にこだわってください。

5	6	7
F K C	F K C M	F K C M
12	**13**	**14**
F K C P·S S M	F K C P·H	F K C P·H
19	**20**	**21**
F K C P·E	F K C P·E E	F K C P·E E
26	**27**	**28**
F K C E	F K C M	F K C S H

P·F ＝プレフェニックス　P44

F ＝フェニックス　P42

P·K ＝プレカンガルー　P50

K ＝カンガルー　P48

C ＝チーター　P54

M ＝モンキーウォーク　P66

P·S ＝プレサウルス　P72

S ＝サウルス　P70

P·H ＝プレホースキック　P78

H ＝ホースキック　P76

P·E ＝プレエレファント　P84

E ＝エレファント　P82

応用4種目もマスターする！

日常的に身体を動かしている人の1か月ロコムーブ・プログラム

DAY	1	2	3	4
PLAY	P·F P·K	P·F P·K F K	F K C	F K C

DAY	8	9	10	11
PLAY	F K C P·S	F K C P·S	F K C P·S S	F K C P·S S

DAY	15	16	17	18
PLAY	F K C P·H H	F K C P·H H	F K C M S H	F K C P·E

DAY	22	23	24	25
PLAY	F K C M S H E	F K C M	F K C S	F K C H

DAY	29	30	31	
PLAY	F K C H E	F K C M S H E	F K C M S H E	

身体が軽く、キレが良くなる！

スポーツ別 ロコムーブ・プログラム

スポーツはたて方向（走る等）とよこ方向（投げる等）の
重心移動の方向によって大別できます。
そのスポーツに最適なロコムーブをぜひ運動前に！

スポーツ前に行う

ロコムーブのポイント

身体が動くモードになる

広背筋がオンになることで、動きに制限をかけていた筋肉がオフになります。身体を動くモードにしてから動かすことで、ケガを未然に防ぎ、より一層のパフォーマンスが期待できます

重心移動がスムーズになる

スポーツの向上にはスムーズな重心移動が欠かせません。ロコムーブは一着地あたりの重心移動の最大化のために最適化された動作理論です。そう、スムーズな重心移動の訓練に最適なのです

最小の労力でも、最大のパワーが出せる

ロコムーブは身体を動かす妨げとなる筋肉をオフにする動きです。つまり、身体を動かすための筋活動をムダなく行えているということ。だから、ロコムーブ後に身体が軽く感じ、今まで以上にパワーを出すこともできるのです

プログラム

左右の広背筋をバランスよく使う! たてのスポーツ

チーター
サウルス
モンキーウォーク

スムーズな重心移動が要求される全身運動や、ジャンプなどの上下運動があるものは腰高を作り出すことがポイント。ロコムーブも広背筋全体を使う種目や、骨盤位置を正す種目がオススメ

左右の広背筋の伸縮の差が大きい! よこのスポーツ

チーター
エレファント
ホースキック

瞬発的なパワーを必要とするスポーツは、広い重心移動を使ったエネルギーの出力が必要になってきます。ロコムーブは左右の広背筋を最大限伸縮させる種目が適しています

Column.4

ロコムーブで仕事までうまくいく!?

思い浮かべてみてください。

大事な買い物で訪れたお店に、姿勢が悪くてお辞儀もまともにできない販売員と、背筋がピンと伸びてスムーズにお辞儀をしている販売員がいます。

あなたなら、どちらの販売員から商品を購入したいと思いますか？

じつは、股関節や背骨の可動域が小さくなると、深々と上半身を曲げることができず、頭をペコッと曲げる程度になってしまうのです。

これではたとえ本人に悪気はなくても、バカにされたと感じる人もでてきてしまうでしょう。ビジネスマンにとって、お辞儀が上手くできないというのは致命的です。

お客様や取引先の人からは、態度が悪いと思われてしまうでしょう。上司は動作を見てイライラし、部下はついていきたいと思えないかもしれません。

ロコムーブに熟練してくると、立ち居振る舞いの一つひとつの動作にも変化が表れ、あなたに対する評価が変わっていくことでしょう。

実際に、ロコムーブを実践した営業マンから「お客様に『姿勢がいいね』とほめられた」「上司と打ち解けて話せるようになった」などの声が届いています。

第5章

完璧な「歩行」こそ身体本来の動き

——ロコムーブ・トレーニング究極の目的

歩行はあらゆる身体の動きが集約されているものだ

私はこれまでさまざまなスポーツ競技の指導にあたってきましたが、最も注意深く見ているのは、その人の歩行バランスです。左右の足の着地時間の長短、歩幅の違い、リズムの変化などから、その人の状態やケガの前兆を予測して、トレーニングプログラムを組んでいます。

アスリートだけでなく、ビジネスマンの方でも、その人の歩行動作を見れば、身体のどこに負担がかかり、どこを痛めているのか、おおよその見当がつきます。

なぜなら、人間にとって歩行動作はあらゆる動作が集約したものだからです。つまり、歩行バランスの乱れは関節や筋肉へのダメージを刻々と蓄積していき、ケガをするリスクを高めてしまうのです。

ある日突然訪れる腰やひざの痛みは、本人が自覚しないところで日々蓄積されている不合理な動作の連続によって引き起こされているもの。

ということは、もし、ロコムーブによって、ふだん無意識に行っている「歩行」が変化すれば、身体の痛みに悩まされたり、衰えていくどころか、逆に進化していく可能性もあるのです。

もともと、歩く動作は自分から意識的に関節を動かす必要はほとんどありません。理想的な姿勢が形成できれば、重力が勝手に関節を動かしてくれるからです。「右足を出したら次に左足を出す」などということを考えなくても、本来の位置に関節が置かれていれば意識しなくても重力が動かしてくれるのです。「胸を張って、足をこう出して、腕の振り方は……」などということをしなくても、ロコムーブをすれば、自然と姿勢もよくなって足が勝手に出てくるのです。

運動する習慣を身につけるまでもなく、「歩行」によって自分自身を整体する能力が身につき、ますます身体が動きやすく軽くなっていくことでしょう。

では、ロコムーブが身についた歩行とは一体どんな歩行なのか、次のページからじっくり見ていきましょう。

これが究極の歩行だ！

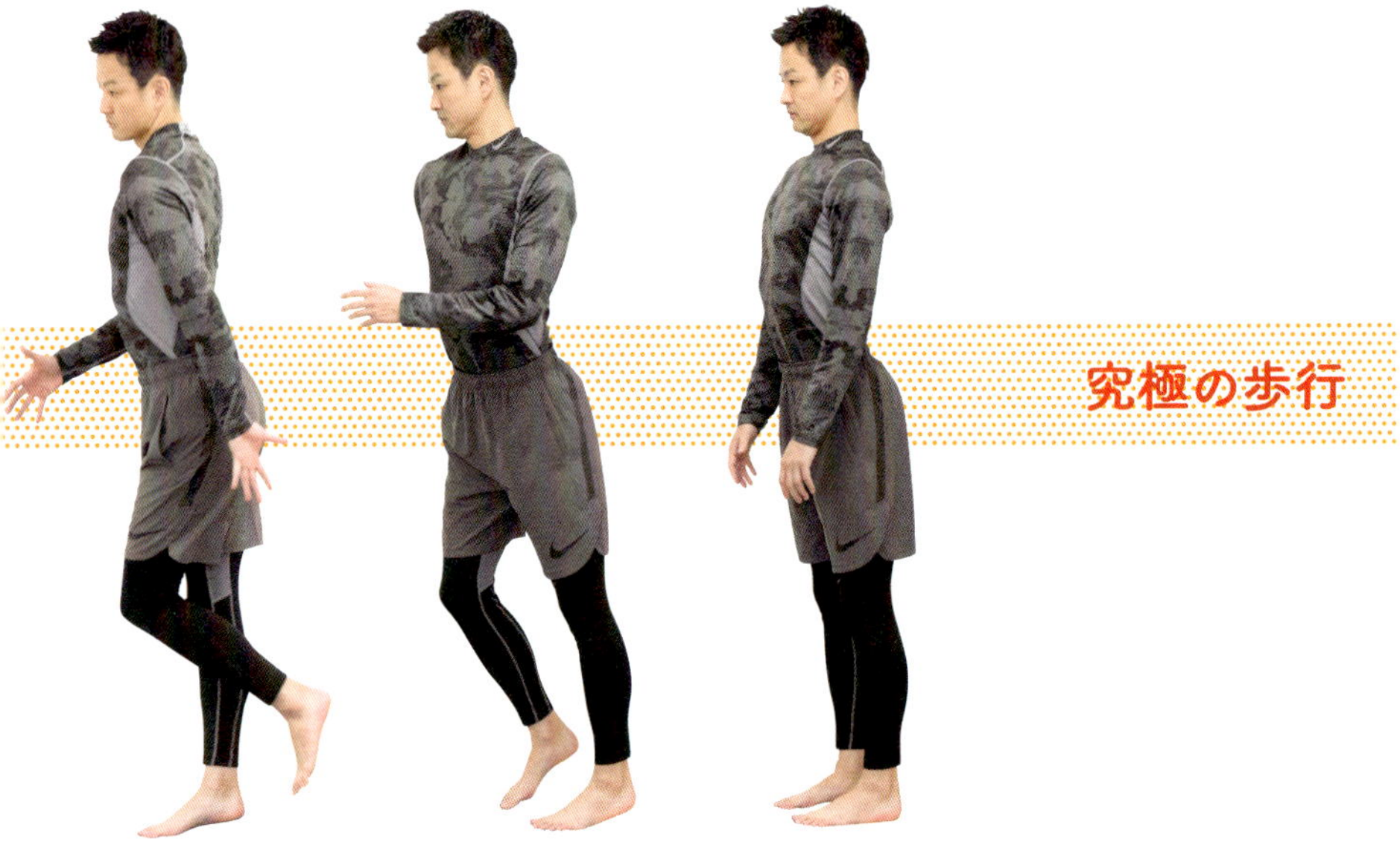

究極の歩行

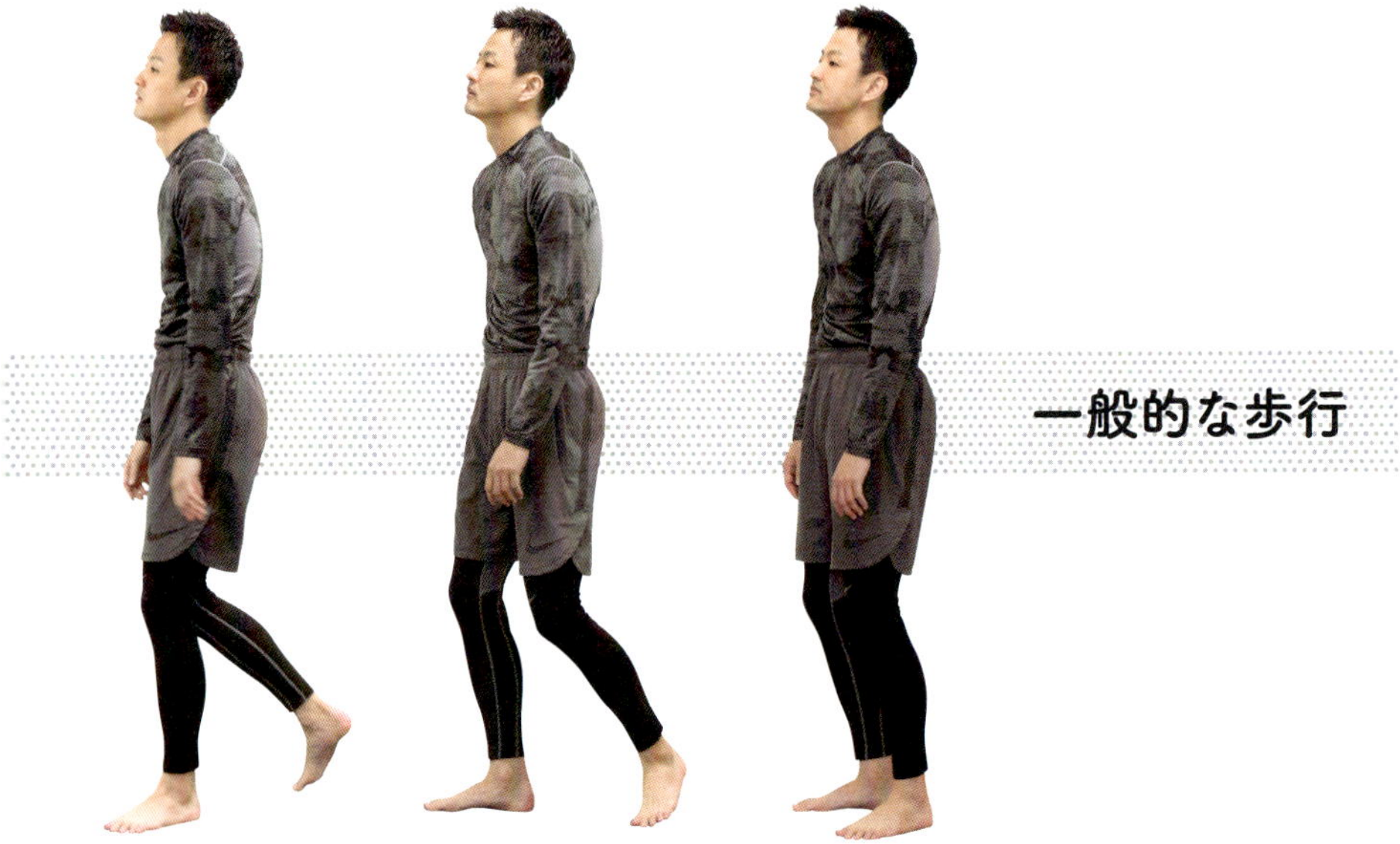

一般的な歩行

**ふだん無意識に行っている歩行。
いったい、どれほど動きに差が出てくるのでしょうか？
上の写真と下の写真を見比べてみてください。
「違い」に気づきましたか？**

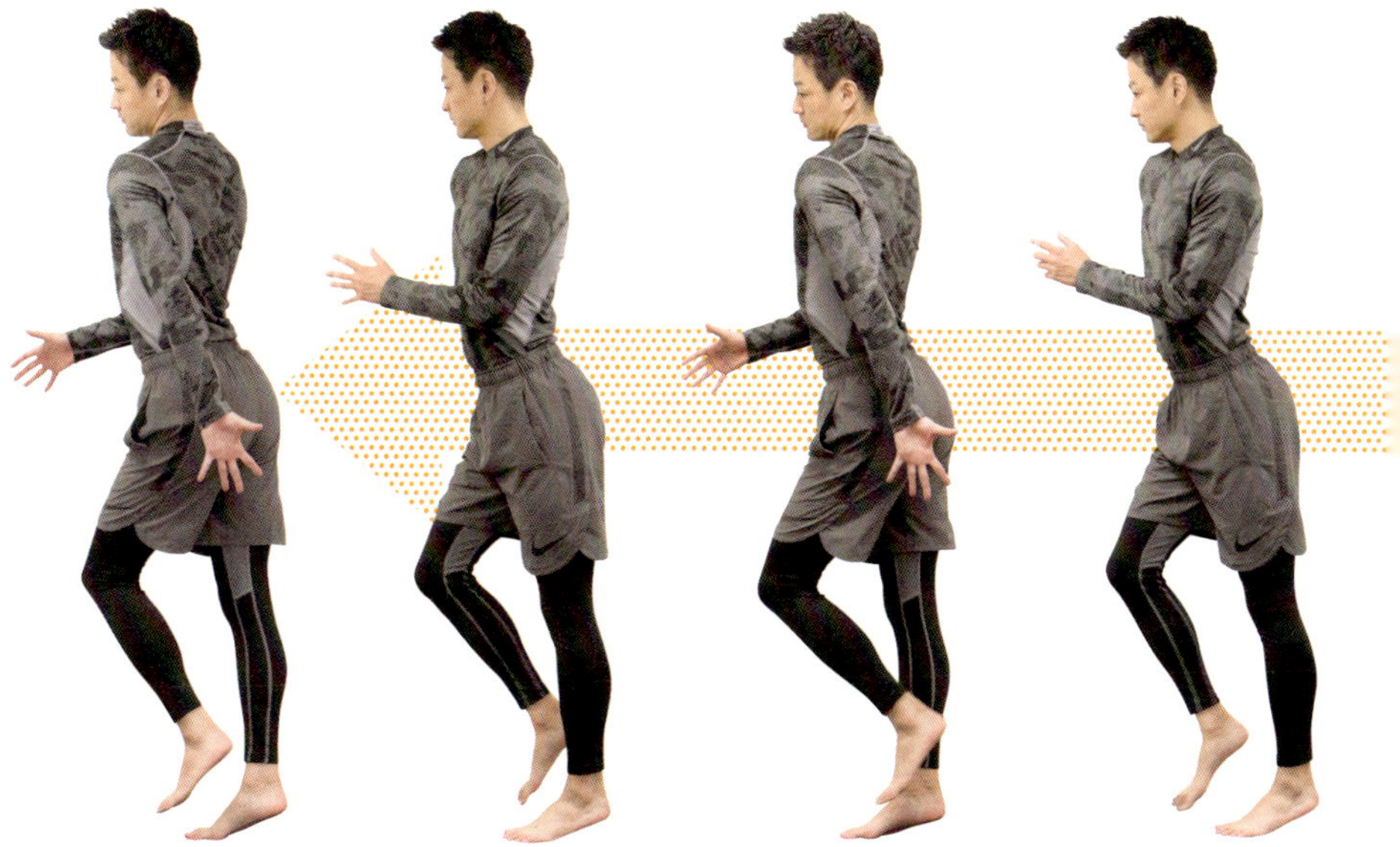

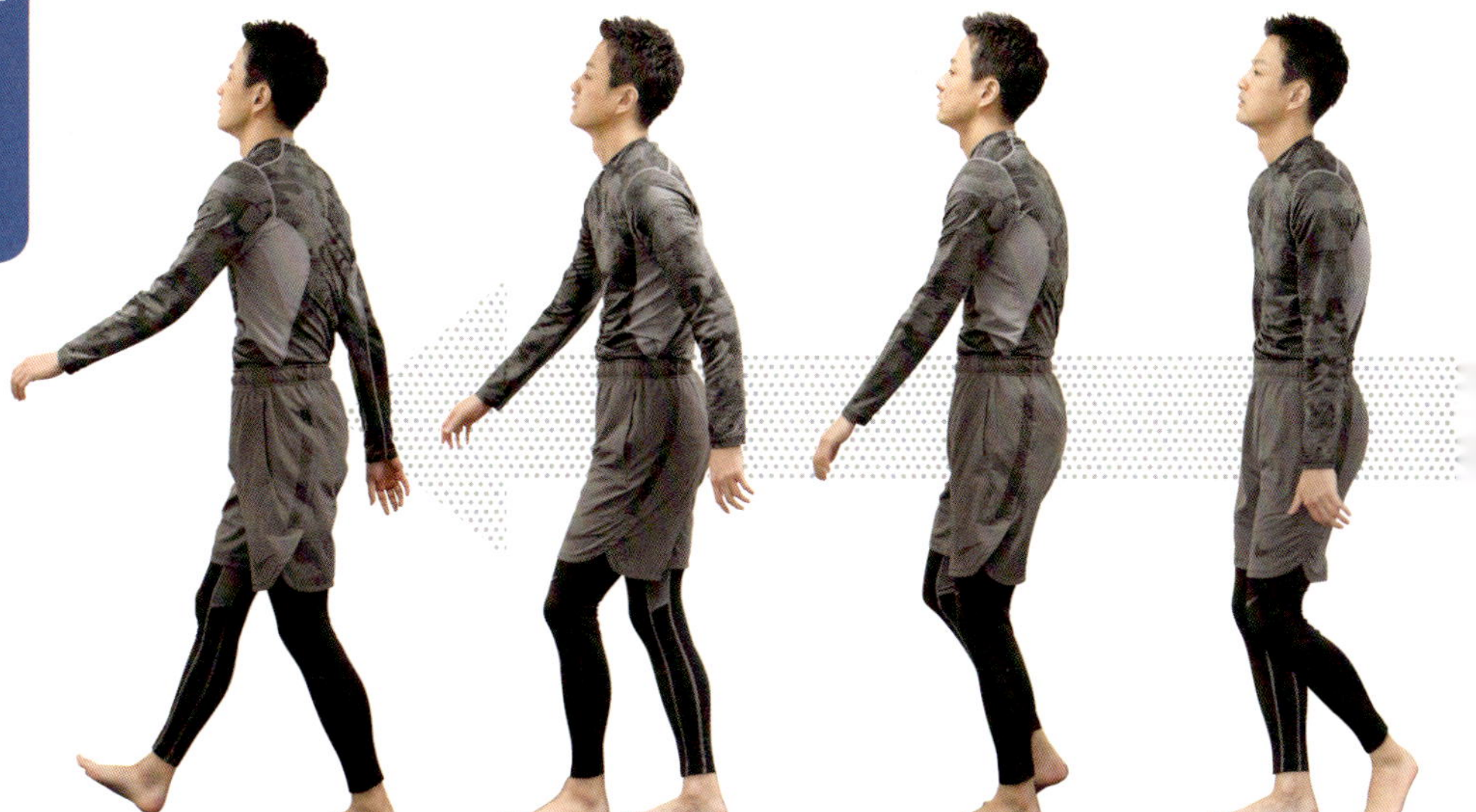

“しなやか”な背骨は広背筋がつくる

前ページの歩行中の写真で、片脚になる瞬間を切り取って、頭と腰とひざと足を線で結んでみました。

左の写真は着地足に対して骨盤が後ろにあり、「逆くの字」になっているのに対し、右の写真は頭から足までまっすぐです。

世界的にも日本人の骨盤は後傾気味のバランスにあるといわれています。しかも、裏もものハムストリングスが萎縮して硬い傾向にあるというのですから、ますます骨盤は後傾し、左の写真のように、背中が丸まり、腰が落ち、ひざが曲がったまま歩行するようになってしまうのです。

しかし、ここで骨盤だけ意識しても腰を反らせすぎたりして痛みが出てしまいますし、意識するのをやめた途端、元に戻ってしまいます。

ではここで、いったん本を置いてロコムーブ・スタンスをつくってみてください。

姿勢を正そうとした時、肩甲骨のあたりにある背骨を伸ばそうとしたのではないでしょうか。もしくは腰をしっかり立てようとしませんでしたか？

私たち人間を含め、脊椎動物はみなさんが正そうとした、肩甲骨の間に存在する背骨＝胸椎と骨盤＝仙椎の動きを動力源として運動をおこなっています。

特に理想的な歩行ができると、肋骨と骨盤の動きとその方向が完全に同調します。肋骨と骨盤の動きを同調させるために、大きな役割を果たしているのが広背筋なのです。

究極の歩行のためにまず、取り戻すべきはしなやかな背骨の動き。すなわち「背骨の動きを抑制する筋肉群をオフにする＝広背筋をオンにする」ことなのです。

老いる歩行と若返る歩行

私は高齢者の方々へのロコムーブの実施を通して、歩き方にも大きな変化をもたらすことに気づきました。

姿勢がよくなって、足腰の痛みが少なくなったとおっしゃる方、小股でチョコチョコ歩きに近い状態だった人が、歩幅が自然と10センチ以上広がり、歩くスピードが格段に速くなった方もいました。

再び、歩行の写真を比較してみましょう。１０４ページの写真をご覧ください。腰の位置の変化に注目してください。上の写真は重心がずっと高い位置に保たれ、前へ前へと進んでいるのに対し、下の写真では重心の位置が低く、置いていかれているのがわかるのではないでしょうか。

ロコムーブによる高齢者の方々の変化は、下の写真から上の写真への身体の使い方の変化だったのです。

歩行とは、着地点を支点とした振り子のような働きになっています。重心位置と着地点が半径となりますので、重心位置が高くなれば、必然的に歩幅が大きくなります。

年齢や筋肉量ではありません。

骨盤位置が正しくあること、そのために広背筋が使えること。

この違いが、歩行で老いるか、若返るかの違いにつながっていくのです。

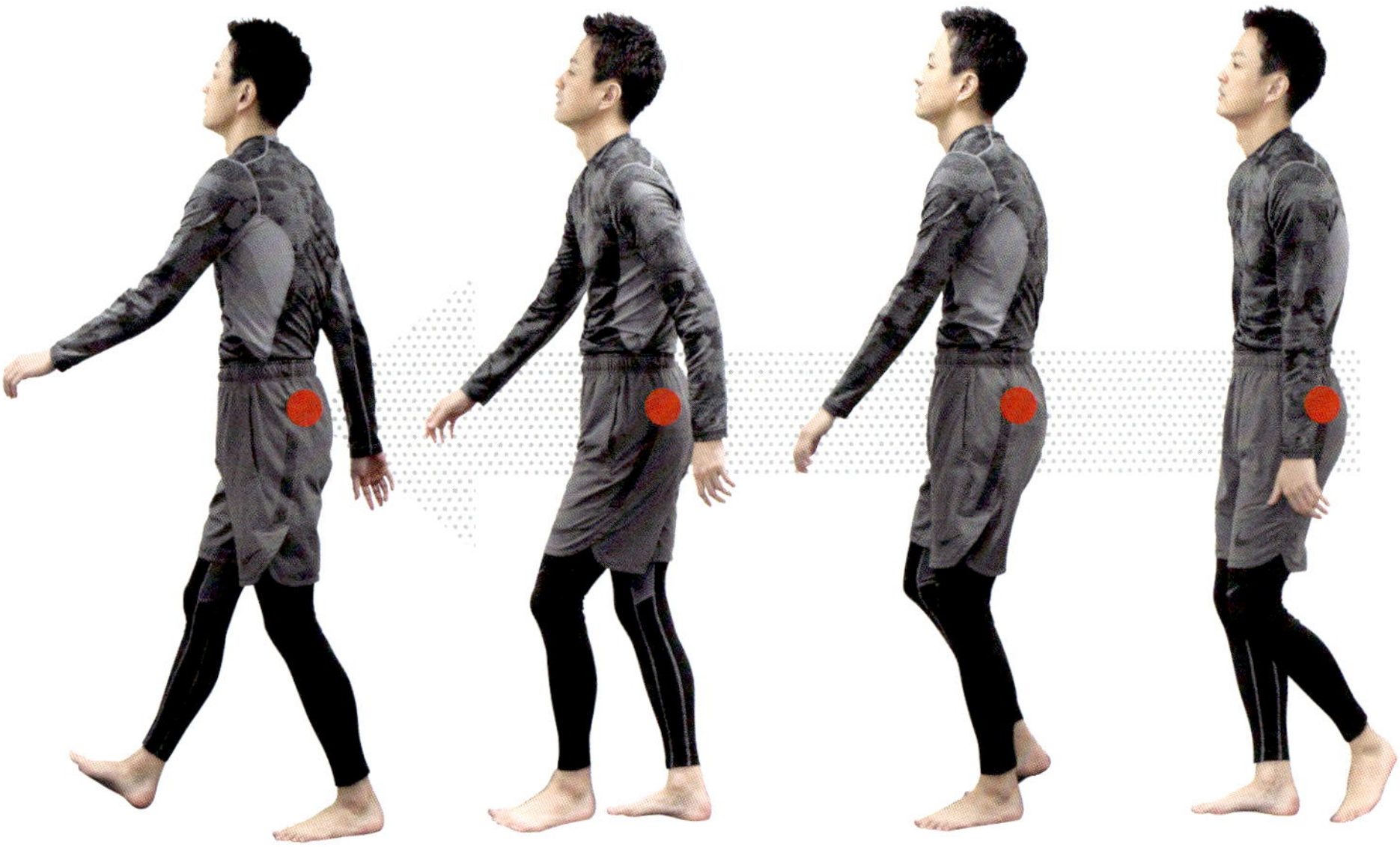

身体が軽やかになると心も軽くなる

ロコムーブによる変化は身体だけでしょうか？

姿勢も良くなって、足取りが軽くなってくると、歩くこと、身体を動かすことがどんどん楽しくなってくるでしょう。

というのも、身体をコントロールすることで心を変えることができているからです。

社会心理学者のエイミー・カディ氏によると、「伸筋」を使って背筋を伸ばし、胸を張ると、積極性や行動力を高めるホルモン「テストステロン」が分泌され、ストレスホルモン「コルチゾール」が減少して、人生に積極的になり、社会性が高まりやすくなる確率が高まるといいます。

一方、「屈筋」を主に使えば身体が縮こまって猫背となり、憂うつな感情を引き起こすホルモンが分泌されるというのです。

こうしたことは、みなさんも感覚的に理解できるのではないでしょうか。つらい時でも背筋を伸ばせば、体の中から少しずつ、元気が出てくるものですし、逆にバンザイをした状態ではなかなか落ち込めないものです。

現代という時代はパソコンやスマートフォンを使わざるを得ない状況だからこそ、前かがみの状態でいることが多くなりやすいです。すなわち、うつうつとしやすい状況を自分でつくり、だんだん気が滅入ってきて、ものごとを悪い方向に解釈しやすい傾向にあるのではないかと考えられます。

だからこそ、ロコムーブで伸筋を鍛えておき、無意識のうちに姿勢が良くなり、「うれしい」「快適」という感情がまさっていく仕組みを作っておくことが有効なのです。

軽やかな身体だけでなく、弾むような心もロコムーブによって手に入れていただきたいと思います。

おわりに

「身体に存在する未開発の機能を活用しないまま一生を終えて欲しくない」

著者としての一番の願いです。日本では超高齢化社会の到来で医療費急増が社会問題となり、連日メディアでは介護予防の特集が組まれています。

しかし、ひざ関節や股関節、背骨の変形等によって日常生活を送ることが困難になっている人は増加の一途をたどっています。

このような関節の病気は加齢による宿命ではなく、本来の身体機能からの長年の逸脱による現象であり、十分対策することは可能なのです。

さて、身体に存在する未開発の機能とは、本書でも繰り返し述べている上肢と下肢を直接つなぐ唯一の筋肉であり、人体最大面積を持つ「広背筋を活性化させること」です。

人体にはどんなに小さくても不要な物は存在しません。

身体各種器官は必要最小限で過不足なく全身に充満しています。

その中でも人体最大の面積を持つ広背筋には大きさに比例した役割があります。しかし、これまで広背筋のその真の役割と正しい活用法は明らかにされずにいました。

少しトレーニングに詳しい人なら「広背筋ならラットマシーンやプル系の種目で鍛えているよ」と思われるかもしれませんが、正しく使えて鍛えられている人は皆無と言っても過言ではありません。

本書では広背筋の真の正しい使い方を解説させて頂きました。ちなみに本書は前作『動ける身体を一瞬で手に入れる本』の続編となります。

特に前作との違いは「左右交互」に広背筋の活動サイクルを引き出す種目を中心に紹介した点です。前作では「左右同時」に広背筋を活動させるフェニックス・カンガルー・チーターの3種を中心に紹介したのですが、多くの読者にロコムーブ＝3種目という誤解を与えてしまったようです。

本来は本書で紹介した左右交互の4種の動作こそロコムーブの基本型とも呼べるものなのです。

スポーツ動作のみならず、日常動作も基本的には左右交互のサイクルで行われます。

その左右交互の理想的なサイクルを生み出すことに貢献するものがロコムーブな

のです。

広背筋が正しく使えた時に感じる爽快感を味わってください。

運動やトレーニングと言うと、筋肉や関節を痛めつけ、ガチガチに動けなくなるほどの身体反応が無ければダメだという思い込みがあります。

罰として運動が用いられるのは、その具体例と言えるでしょう。

そうではなく、合理的で調和的な関節運動は味覚のように「美味しい」感覚となって快感を感じさせます。

美しい音楽やよい香りを感じるのに努力感は必要ないように、合理的な関節運動は無理やりモチベーションを上げなくても継続したくなるものなのです。

ロコムーブを初めて行う方は、固まっている筋肉の抵抗感によりきつさを感じるかもしれません。

しかし無理なく継続していく内に、次第に爽快感を実感できるでしょう。

そして、その感覚こそが身体にとって〝良い〟運動の何よりのバロメーターなのです。

本書が読者の方のより良い人生の一助となれば、著者として何より嬉しく思います。

中嶋輝彦

筋肉と骨の位置

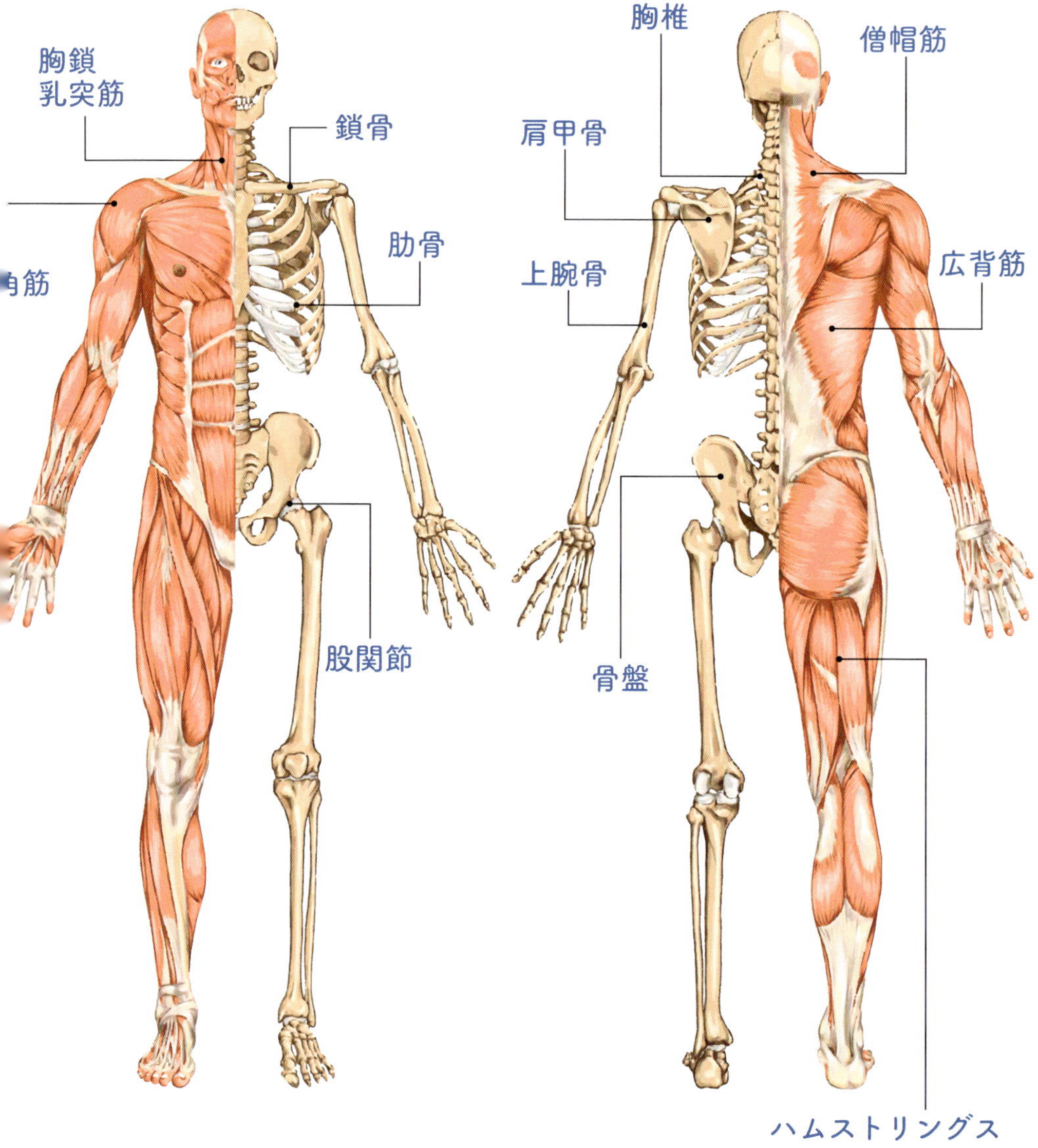

著者紹介

中嶋輝彦（なかじま てるひこ）

法政大学卒業後、トレーニング施設「ワールドウィングエンタープライズ」に入社。2011年「ロコムーブ」創業。野生動物の動きや骨格からヒントを得て、アスリートの競技力向上から高齢者のリハビリまで貢献するロコムーブ・メソッドを開発。短時間で肩こり・姿勢・歩行を改善するメソッドは、ビジネスマンだけでなく第一線のアスリートも驚嘆させている。現在、本メソッドは医療の現場でも導入され、理学療法士をはじめとしたコメディカルスタッフに健康事業プログラムを提供。著書に『動ける身体を一瞬で手に入れる本』(小社刊)、『美しく元気な理想の身体は「3つの動き」で手に入る!』(自由国民社)などがある。

ホームページ　http://locomove.com/

STAFF

撮影	宗廣暁美
本文イラスト	宇和島太郎
編集協力	中村未来
デザイン	コンボイン

図解《ずかい》と動画《どうが》でまるわかり！

一瞬《いっしゅん》で動《うご》ける身体《からだ》に変《かわ》わる！

2018年11月1日　第1刷

著　者　中《なか》嶋《じま》輝《てる》彦《ひこ》

発行者　小澤源太郎

責任編集　株式会社プライム涌光

電話　編集部　03(3203)2850

発行所　株式会社青春出版社

東京都新宿区若松町12番1号〒162-0056

振替番号　00190-7-98602

電話　営業部　03(3207)1916

印刷　大日本印刷　製本　フォーネット社

ISBN978-4-413-11271-0 C2075

1238円
ISBN978-4-413-03896-6